U0112061

大展好書 好書大展

社會人智囊

53

摸透男人心

劉華亭／編著

大展出版社有限公司

序

為什麼我會寫這本書呢？這要回溯到多年前歐洲有一位學者，曾大力提倡「犯罪人類學」的理論，而根據他所提出的「通常有犯罪意圖的人，都會有某些共通的外顯行為」這個論點，發展出許多有關法律和犯罪心理的學說，同時也是研究或學習法律學專家很感興趣的題目。

本人在擔任推事和律師近三十年中，以法律的途徑解決了許多男女間的問題，同時也在廣播電視及其他報章雜誌上說明過類似的各種問題，結果得到了一個結論，那就是「男女間是否也和犯罪人類學一樣，存在著欺騙對方，而造成對方痛苦、不幸的類似事件？」假如能很正確而完整地做好這些類似事件的分類工作，並提出「各種男人的類別」為結論的話，相信可以預防世上許多女孩子不幸事件的發生。

常有許多女人向人哭訴說：「我被騙了。」同時也有些表面恩愛的夫妻，但私底下太太却對先生說：「你欺騙我。」這類的事情層出不窮，夫妻間的關係也因彼此爭吵而更形惡化，當然有許多男人嘴裏不說，內心却不斷地吶喊：「該死，我居然被她玩弄了。」像這種婚後才後悔莫及的先生可能也不少。

從這些例子中可以很明顯地看出，男女間的關係從一開始，就潛伏著許多的誤解與錯覺，就像定時炸彈似地將兩人的關係逼近破裂的邊緣，這個觀點當然是根據我過去處理男女間糾紛的經驗而來的。

人類素有「萬物之靈」的美稱，以這種聰明才智，為何在處理男女間的問題時，還不斷地重複這些愚笨的行為呢？我個人認為這是上帝為使人類不斷繁衍而製造的陷阱，俗話說：「情人眼裏出西施。」就是這種情形最好的寫照。

上帝儘量提昇男女之間產生親密關係的情愫，好讓他們有孩子，祂應用手段讓兩人暫時進入盲目狀況，無法冷靜地觀察對方的缺點，以逼其發生肉體關係而懷孕生子，倘若不是在這種狀況下，事情便無法順利地完成了。

誇大來說，這本書就是要向上帝的陷阱挑戰而寫的，對於上帝造成盲目狀況，而使人無法清楚地透析對方提出「危險」的警告，但是萬能的上帝所安排的陷阱是相當巧妙的，祂讓你感覺：「根據這本書上的說明，以前我所交的男朋友都是屬於危險類型的人物，但是目前這位絕對沒問題，只有他是例外，因為他……」，癥結就在這裏，一般受男人欺騙過的女人，常會有種錯覺：「只有我目前的男朋友是例外」，結果在人生道路上不幸的悲劇就不斷地重演，然而事實上「只有這個男朋友是例外」這句話本身就有矛盾。

然而對上帝的所為造成極大諷刺性的一點是：祂一方面不斷地製造這種陷阱，另一方面又傳達人類多方精神上的複雜感覺，如「愛」「情」……，假定妳的男朋友告訴妳說：「其實我要的是妳的身體。」那麽妳一定會柳眉倒豎地臭罵他：「真不要臉，我又不是妓女。」並當場賞他一記耳光。對！這就是人類男女間的問題所在，正因此才有所謂的「你騙了我」或者「我被你騙了」等的不幸事件。

更糟的是，大多數的男性在只要不會造成太大糾紛的前題下，就會不斷地找尋新的女友。相反地，以女性的立場而言，她們對男性的要求只是愛，這種態度上的根本差異，造成男女關係更加複雜化，也使雙方的選擇產生更多的誤解與錯覺。

例如任何一對情侶在盲目的相愛中，發誓與對方的愛是「海枯石爛，情永不渝」，這段時間他們的愛的確是出自內心，但婚後幾年，男人的眼光開始轉向外界，因此女人對男人的愛情感到不滿足而產生怨尤，以後夫妻幾十年的婚姻生活就不再靠當時「海誓山盟」的愛來維繫，而是另有他因了。不過很多情侶還是相信當初「不渝的愛情」，是因錯誤而結合的。

對人類男女間的複雜性，我不斷地研究，儘可能具體地說明問題的癥結所在，並加以綜合整理以提倡「男女關係分類學」，若以本書的內容而論，還是不夠的。

因此在書中不與讀者討論深奧的理論和事項，只是幫助讀者張開雪亮的雙眼，清楚而正確辨別對方的真面目，不再盲目的付出愛，也能避免「我被騙了」的不幸事情發生。如果能減少女性受害的機率，而讓更多的女性慶幸自己當初的選擇沒有錯誤的話，作者就感到很欣慰了。

目錄

第二章 值得懷疑的男人特徵

——陷阱不易被發現——

第三章 那一種男人適合當丈夫？

——好丈夫如長跑健將——

第四章　知己知彼百戰百勝

——別讓到嘴的鴨子飛了——

第五章　男人慣用的伎倆

——如何使女人落入圈套——

第六章　受害後的應對措施

——如何解決問題——

第一章 是否對外產生了錯覺？

——外表與內在差異甚大——

本章的序言

「妳喜歡那一類型的男人？」在電視上常會聽到這類的問題，而不論那種年齡的女性，通常會回答：

「我喜歡心地善良的男人。」

但是根據我過去多次擔任媒人的經驗得知，這只是應對的答話，並非出自當事者真正的意願。我以前曾受託陪一位男士相親數次，這位男士是國內一流大學畢業生，且在一家中外馳名的公司服務，同時也已準備了一幢豪華舒適的別墅，等著女主人的到來，他的同事都稱讚這位朋友心地善良溫和、個性爽朗，但出乎意料地，所有與他相親過的女孩子都拒絕了他。這當中還有些長得並不怎麼樣的呢！

原來這是因為他的頭髮少，個子不高，又有點臃腫的緣故，都是外表害了他。而那些拒絕他的女孩子却和品格低下、心胸狹隘、個子高大、英俊瀟洒的男士在一起，因此我發現女人對人或事物的喜好態度是很公式化的，她們只重視外表，却忽略了內在美，這種見解實在很不可靠。

事實上，人的外表是無法一致的，且各有所長，我們常聽說：「什麼！他怎麼可能做出這種事？」這就是人不可貌相最好的見證。如果我們以外表做為選擇對象的標準，以後當然會後悔莫及了。所以本書一開始就提出了許多警告。

要求肉體上的親和並非下流

有一次在兩位大學女生的交談中，曾出現了這樣的對話——

「眞討厭，才和他認識不久就向我要求……，我覺得好噁心！」

「對啊！這種男人追求女孩子的目的好像就只是爲了得到性慾滿足，眞懷疑他的人格！」

的確，男孩子第一次和妳見面就提出這種要求，當然會令人感到生氣作嘔。根據某項調查，美國大學女生和初次見面的男友發生關係的比比皆是，這種行爲在美國就像進咖啡廳喝咖啡一樣簡單。

不過對有某種程度交往的男友，若向妳提出要求時，却不能因爲覺得時間太快而貶低他的人格，因爲只要是健康的年輕男性都會有這種慾望；相反地，如果他沒有這種反應，其健康狀況就値得懷疑了。問題在於他是否會講出來或是一直憋在心裏，並不因爲他提早提出，人格就發生變化。

例如：A先生同時認識了B和C小姐，假定B小姐非常豐滿又很性感，而C小姐是理智型的女性，但缺乏女性的魅力，這時A先生可能會對B小姐提出要求，而不會對C小姐有這種慾望了。由此例子可以了解到，除了一些很極端的情形外，通常第一次提出要求和他本人的品性、人格是沒有很密切的關係。

俗話說：「不說的人更風流」，一位婚前絕口不提性方面的男人，在婚後很有可能向新婚妻子要求變態的性行爲，結果新婚妻子因受不了而逃之夭夭，終於造成了離婚的悲劇，這是常有的事。

在酒吧工作的女郎都異口同聲地說：「大部分敢大聲講黃色笑話的客人，個性通常比較豪爽，而那些不願說出口的人，往往是風流鬼，和這種人肌膚相觸，實在令人惶恐。」夫妻之間一定會有性行爲，因此，在選擇對象時要多做考慮。因爲若選了這種人爲丈夫，所考慮的不再是品性好壞的問題，而是儘早溜之大吉爲妙了。

一流大學畢業的人頭腦未必很聰明

現在的高中生，尤其是男孩子非常可憐，在這個升學主義瀰漫的時代，大家拼命地競爭，想擠進一流的國立大學；因此從高中一年級開始，就進補習班補習，埋頭準備大專聯考，而且爲了讓兒子能考取，母親常在一旁督促，並以父親永遠是小職員的例子來提醒兒子：「小明，好好用功，否則會像你老爹一樣沒出息，永遠當個小職員，每個月領那麼一點點的薪水，你看人家王伯伯是T大畢業的，現在已當上經理的職位了。」

然而，並不是所有的男人都是唸書的料子，那些孩子不適合唸書的家長，爲了彌補兒子先天不足，從小學、初中開始，就聘請家庭教師來給兒子補習。本來聰明的孩子很容易看出父母親這麼做是白費心機，而爲了不使他們傷心，卽使自己不適合唸書，也會盲從地說：「好，我一定會好好努力的。」

這種塡鴨式的教育及個人全力以赴的結果，雖能考上一流大學，而所培養出來的却是一位缺乏思考及判斷能力的庸才；當然一流大學的畢業生中，也有許多頭腦靈活、適合唸書的學生，他們不靠死背書的方式學得各種知識。不過社會不斷地進步發展，其中還是會有許多濫竽充數却自以爲是T大畢業的冒牌貨。

我們要仔細地觀察辨認自己所認識的男友，是否只是一位空有一張畢業證書的冒牌貨。這些冒牌貨的特徵如下：喜歡問及對方是那所學校畢業的人，不斷提起大學生活的人，或者常以反諷的口氣抨擊『沒有用的人才去唸T大』的人，都是屬於冒牌貨。

對一個眞正做學問的人而言，上大學只是人生旅途的一小段而已，並不須將得失看得那麼重，等到社會上工作一段時期後，就會發現在大學中所學的東西不見得派得上用場，只會應付考試是無法擔負起多變化的工作。

強壯的男人沒有膽量

上帝創造人實在很微妙，祂給人這項優點，也會附帶給他一些缺點，我過去認識很多身體強壯的朋友，但大多是很小氣且沒膽量的人。因此很多女人在發現自己所愛上的人竟是那麼沒骨氣的時候，常會自我解嘲地說：「好強壯！多麼有魄力！」

扮演古裝戲中有名的英雄人物，其造形及談吐乍看之下好像很強壯，但知道他的人卻會說：「他虛有其表，膽小如鼠。」在許多離婚的法律訴訟中，有不少妻子是因爲丈夫缺乏男子漢大丈夫的氣魄，而提出離婚的要求。

爲何會產生這樣的結果呢？經過我多方面地思考後認爲，這乃是「時代變遷的差異」，古代聖賢豪傑只要有強壯的外表，他的力氣一定過人，而現今社會除了黑社會組織外，力氣已不再是很重要的先決條件了，外表強壯也無多大用處，不但如此，強壯的人爲避免招惹麻煩，也不太敢抬頭挺胸走路。

在這種狀況下，當然無法培養出健全、強壯的精神與體魄。隨著年齡的成長，他的精神狀態

也愈來愈萎縮，然又怕被人視破，所以故意裝出一副英雄豪傑的樣子。若選擇了這種人爲結婚對象，婚後他必會原形畢露，做妻子的也會因視破他的廬山眞面目而悔恨終生。

有錢人的子弟多半是吝嗇鬼

從事酒吧經理等經驗豐富的女人，對付男人都很能得心應手，但却有一共通的看法，那就是對「富家子弟」實在「沒法度」。這些人利用「我是某某財團董事長的私生子」的謊言，來欺騙女經理的錢財及感情，等到得逞後就逃之夭夭，丟下成千上百萬的負債，讓她們承擔。這種騙財騙身的悲劇實在太多了。

除了這些女經理外，出身於富有家庭的大小姐，也認爲富家子弟是結婚的理想伴侶。她們都犯有同樣的毛病，認爲父親有錢，兒子也一定不差，嫁過去後榮華富貴一生享用不盡。

以前有一位小姐，就是在這種錯覺下和一位富家子弟結爲夫妻；婚後兩人住入一間坪數很大的高級大廈，這幢大廈是父親公司的宿舍，電話費及女佣人的薪津由公司支付，而日用品、食物等都到指定的商店以記帳方式購得，費用則由公司負擔。這樣的生活好像很富裕，然而妻子却無法支配金錢的收支，因此這位太太惋惜地說：「那些薪水階級的太太，用錢比我自由多了。」

又有另一個例子，一位小姐與富豪子弟結婚，男方的父親對金錢控制相當嚴格，這位太太想：「沒關係，反正公公死後，遺產就會過繼到我先生的名下了……」，因此，就一再忍耐。

不巧的是，公公壽命很長，直到百歲才過世，丈夫爲緬懷父親生前的努力，對財產控制更加嚴厲，強迫全家要過更節儉的生活，這位太太常感嘆地說：「怎會如此呢？」

辛苦創業的人，那會允許兒子奢侈浪費，兒子繼承祖業也當儘量保留財產，不使它減少。有些人花公司的錢就像流水一樣，等到自掏腰包時就變得好猶太，因此和富家子弟結婚，表面上是很體面，實際上就不得而知了。

親切的男人未必是個性溫和的人

M小姐在銀座高級酒吧是紅牌酒家女，二十二歲時和常到店裏的K先生結婚，她的朋友都說

：「M小姐很幸運，能夠和這麼溫文有禮的人結爲夫妻。」

K先生在半年前，以客人的姿態出現在M小姐上班的酒店，年齡約三十歲，態度莊重、衣著華麗、付錢大方；M小姐看中了他親切的態度、溫文儒雅的談吐以及做事小心謹慎。招待過K先生的其他小姐都異口同聲地說：「這個人態度好親切噢！」

但婚後幾個月，K先生便原形畢露，原來他是登記有案的甲級流氓，和M小姐結婚的目的，只是想利用她的美貌當做搖錢樹，M小姐所賺的錢全被榨取了，如果有絲毫反抗，必遭受一頓毒打，一年後她變得憔悴萬分。

我接受M小姐的委託，和K先生進行離婚協議，剛開始我叫她躲起來，故意在法院質詢時和K先生避開，因爲兩人一見面，K先生便會使用暴力威脅M小姐撤回告訴。對於拒絕離婚的K先生，家庭法院儘量勸解他，解決的方式剛好和一般情形相反，由M小姐支付少量的金錢，好讓K先生答應離婚。

這個例子可能很極端，但還是有某些雷同之處。只有內心有目的的人，才會表現如此虛僞。就像從事服務行業的人，爲了接洽生意而表現出很親切的態度，事實上內心並非如此想。

一般態度眞誠而內心無所求的人，就不會講出甜言蜜語來迷惑別人，只有冷酷的男人才會「爲達目的而不擇手段」。女孩子對這類有所企圖的男人，應該小心提防才是，以免羊入虎口，悔之晚矣。

打腫臉充胖子

「因爲他有錢，所以才能花」，這種論調在現今這個社會未必適用了。據我所知，情形剛好相反。雖然薪水階級沒有能力負擔超額的消費，但要手段騙吃騙喝的人，也未必是眞正的大濶佬，很可能是處心積慮、意圖不軌的倒帳專家。

他們慣用的技倆如下：以現金付帳，等到店東認爲這是不可多求的「優良客戶」，而建議他以記帳方式購物後，便遂了這些居心不良者的心願，至此便大量花錢如流水，在高級酒吧，這種花費不出三個月，就已成千上百萬了，倒帳者隨而一走了之，他的公司也倒閉了，最後這筆帳自然是無法收回；他們心裏有數，所經營的公司已快倒閉了，於是自暴自棄，到處招搖撞騙，心想「卽使省下那些酒錢也無濟於事」。

現今這個社會，有「不用現款時代」之稱，除了酒錢外，只要以一張信用卡，便可以買遍你的需要，但眞正有錢的人不會以記帳方式購物，因爲他們不願讓別人賺去加在上頭的利息，而且手邊有錢，也沒有這個必要，如果眞是這麼浪費，也不可能致富了。

當然，如果不是以自己的能力掙得，而是靠外力，或者是暴發戶，情形就另當別論了。這些人看到手邊一下子有了那麼多錢就眼花繚亂，以爲是靠自己能力賺得，爲想賺更多的錢，自然出手大方，這就是所謂的暴發戶，但事實上他沒有能力繼續賺錢；這種入不敷出的生活，到最後一定會負債累累，然後逃之夭夭。

成年人的社會裏常會有這種事情發生。一個工作認眞的年輕人，即使爲了深愛的女友，也不可能花錢如流水。如果你的男朋友是這樣的人，在妳讚美他「很有錢」或者「年輕有爲」之前，請仔細考慮淸楚，很可能他有問題。

我所接觸過的年輕人當中，就有這類的人，他們挪用公款，在女朋友的面前總是誇耀說：「我父親是土財主，在鄉下有很多山林地」或者「我的工作收入很高」，然後表現大方豪爽，到最後只有進「監獄」了。

懶惰的人愛吹噓工作內容

在酒吧及俱樂部經常看到有些男人向身旁的服務小姐吹嘘自己的工作內容，不了解的人會爲這人的工作態度深受感動。然而一位眞正認眞工作的人，便會皺著眉頭說：「那個人到底目的何在？花了那麼多的錢在這裏向女服務生吹噓工作內容，是否找錯了地方！」

我工作忙碌的程度絕不會亞於別人，但到酒吧却是爲了讓自己輕鬆一下。想來那些喜歡吹噓工作者，怕不是因爲白天偷懶，爲了減輕罪惡感，而一再以此行徑掩飾，以安慰自己。

同樣的，有些男人在和女朋友約會時，會不斷地吹噓白天的工作情形，如果他眞是專心於工作，約會時應該儘情鬆弛才是啊！

有些富家子弟常被父親視爲「一事無成」的無用漢，而任他自由發展，此時他唯一可走的路，就是和酒肉朋友們到處揮霍，或以召開「經商計劃會議」爲藉口，到酒店或酒廊去招引女服務生，表面上討論很激烈，事實上還不是假藉玩樂以掩飾自己的無能。

雖然他們的行爲膚淺，但很多年輕女孩子却認爲他們很能幹，稱讚他們是「虎父無犬子」，甚至愛上他們，而這些人假藉開會之名，其實是佈下了天羅地網，只待女孩子掉進陷阱，成爲他們的搖錢樹，甚至遭到始亂終棄的命運。

能幹者未必能成功

「業務課的K先生，是我們公司最能幹的人。」

「是啊！他頭腦聰明，工作效率迅速，將來一定會成爲董事候選人。」

「嗯！他才三十一、二歲，還未婚呢！如果能當他的太太，那該多好。」

這是某公司的女職員的一段談話。我年輕時想法和她們一樣，認爲要想嶄露頭角，就得趁年輕時努力工作，好好表現，才能獲得上司的寵信。但現在五十五歲的我，回憶起當時的盛景，觀念却大有改變。原因是擁有「能幹者」美稱的人，大部分在中途遭受失敗的命運，而經激烈競爭後，留下來擔任董事的人，都屬於肯幹、苦幹型；他們不遲到、早退，也不曠職，對公司雖沒有大功勞，却也沒有留下任何不良記錄。

爲什麼「能幹的人容易失敗」呢？那是因爲有的人和往來的客戶關係過分密切，而有舞弊的行爲發生；有的人則和某一特定的董事關係太好了，一旦他們失敗了，這些人也跟著倒楣；有時候是因爲人際關係沒搞好，被同事扯了後腿，使他們無法升遷。

一般大公司的新進職員，想升爲董事至少也得三十年的光景，這種情形就像耐力賽跑一樣，要保持體力必得慢慢兒來，那些能幹的短跑健將，一開始衝刺太快，就算能一路領先，到最後很可能會因爲呼吸困難而休克。

有些忿忿不平的職員會說：

「能力不足的人居然會成爲董事！」

「就是嘛！公司的上級主管一定是瞎了眼。」

對人事不滿的情形相當多，而社會上這種情形，又以中小企業居多。那些獨裁的經理們希望屬下都能順從自己的意思，如果有人指出某經理的錯誤時，很可能會受到排擠，而不受重用，如果妳夢想成爲這種人的太太，最好仔細考慮清楚。

女性化的男人內心多半冷酷

俗話說：「面善心惡」，這句說明一個人的外表善良如菩薩，而內心却像魔鬼般邪惡，乍聽之下，這句話似乎是用來形容女人的，不過我過去處理許多男女糾紛的案件，結果發現這句話對男人一樣適用。就女性而言，一位外表姣好、身體豐滿，而個性却很強悍的女人，也可用「面善心惡」來形容。

但是這種外表仁慈、內心邪惡的男人，女人根本無法認淸其眞面目，因此必等受騙了才悔不當初。假如妳是被他女性化的外表所吸引，心想：「沒關係，只要他對我溫柔體貼，我不在乎他是否強壯或嚴格。」但事實上，這類的男人，內心多半是冷酷無情的。

這是什麼原因呢？據我的觀察及推測，這類男人無法和正常的男性相比，因此轉向模倣女性的行爲；在女人面前才能充分發揮自己的智慧，並不斷推陳出新，最後雖然失去向同性挑戰的鬪志，但却具備了「自衞的本能」。

這些變態行爲具體地表現在花錢方面，例如有的男人會拼命賺錢，另一方面却揮霍無度；有的男人喜歡打腫臉充胖子；但女性化的男人却剛好相反。

和這樣的男人生活在一起，痛苦的情形是可想而知的，他出於自衞的本能，對外無能力求發展，對內又要求嚴格，常檢查家中的收支帳簿，對家務及小孩的生活要求相當苛責，嗜財如命，以這種方法治家，雖無匱乏之虞，但因過於緊張嚴肅，搞得人心惶惶，又有何生活情趣可言呢？

體格高大者性能力欠佳

「你看，他的體格這麼強壯，如果能躺在他的懷裏，一定很溫暖。」

「對啊！愈看他心裏愈不自在。」

有兩位年齡較大的女服務生，看到一位體格強健的客人，一面嘆息，一面如是說。

作者認爲那兩位小姐，雖然年齡不小，對男人的了解却不夠透徹。當然，被強壯的男人擁抱固然能得到滿足，不過也很可能會讓妳大失所望。

夫妻之間若性生活太過火，反而會造成雙方肉體上的痛苦。有人將女人的身體比喻成樂器，以巧妙熟練的手法彈奏樂器，才會產生美妙的音樂；相反地，倘若技巧拙劣，自然無法彈奏出悅耳動聽的歌曲了。

外表與內在不一定成正比，如果期望愈高，失望就會愈大，所以對體格強壯的男人，期許別太高，進行性行爲時，他很可能無法讓妳得到滿足，這是現代化女性應有的體認。

額頭寬廣與否和智慧無關

「額頭窄小的人很多都是笨蛋。」

「是啊！看我男朋友的額頭就知道，他的額頭很高，頭腦很聰明哩！」

我曾在一所服務機構的餐廳聽到以上的對話。本人的額頭寬大，但若以這個標準來判斷一個人聰明與否，實在不恰當。年輕時曾犯過同樣的誤解，因此對自己的高額自鳴得意，直到踏入社會看到了許多優秀人才，才發現這種想法很愚昧。

在台灣，頭腦最聰明的人多雲集在台灣大學裏，這些人目前都是教授身份，其中又以法學院的教授爲冠。奇怪的是，這些教授中，額頭寬廣的人並不多。

我有一位已故的登山朋友M先生，平常很愛玩，但初中、高中都比別人少唸一年，且是以第一名畢業於台灣大學，他的額頭並不高。

同時，周遭也有不少青年才俊，其額頭亦不高。額頭寬大的人，外表可能比較年輕，一臉聰明相，但肚子裏是否有墨水就不得而知了。人類有生之年使用腦部的部位很有限，所以腦容量大小和ＩＱ高低並不成正比。

根據調查結果，發現近代女性有一個很有趣的傾向，她們選擇外表英俊瀟洒的男士爲玩的對象，却選擇頭腦聰明的男士當結婚對象。因爲笨先生前途無「亮」，且根據優生學的理論，生下來的孩子智商亦不高。倘若以額頭高度、寬窄來做爲選擇聰明男人的標準，恐怕會流於主觀、不切實際。奉勸各位，還是憑自己的眼光去判斷吧！

運動員身體虛弱

我因爲年齡和工作的關係，常參加婚禮，會中往往聽到媒人及來賓致賀詞說：「新郎喜好運動，是一個身體健康的人。」

我常想：「這是眞的嗎？」自己亦是位喜好運動者，初中就參加登山活動，一直到大學畢業，從未間斷過，所以認識了許多體育界的朋友。令人百思莫解的是，這些運動家不是病死，就是比一般人容易生病，也許你會說：「這只是巧合罷了。」但我說的都是事實，毫不誇張。

各位或許會認爲多做運動，可以鍛鍊強健的體魄，然而誰也不敢斷言說，這樣就能避免不生病。以我而言，我脚上的肌肉由於久未登山而退化了，以前那段短期的鍛鍊已前功盡棄，現在我的脚力遠不及那些每天早晨起來散步的同齡者。

所以我說年輕的運動員，老來身體不見得健康。筆者反而贊成運動選手在平時應忙於工作，才能保持強健的體魄。以女孩子而言，肌肉結實的男人比體型瘦弱的人有吸引力，因此才會對選手型的男士產生好感，在此要提醒女孩子，切勿再迷信於「運動員必有強健體魄」的觀念。

禿頭的男性是成功的典型

「眞倒胃口，那個人雖然很年輕，頭上却沒幾根毛，才不要嫁給這個禿頭當太太，誰敢和禿頭丈夫出去散步。」

一般年輕小姐都不願選擇禿頭的男人當丈夫，據我觀察，女人最不喜歡三種類型的男人，一種是禿頭，另一種是胖子，還有一種是腿短的人。確實，若只是想玩玩，上述的男人是不太合適，要是選丈夫的話，這些人很可能是妳終身託付的對象。年輕的小姐應該改變一下「以貌取人」的觀念。

我小的時候，鄰居的伯母常來找媽媽聊天：

「妳先生長得好英俊噢！」

「英俊又不能當飯吃，我才羨慕妳，生活衣食無缺，要什麼有什麼。」

「妳眞愛說笑話，知道嗎？我先生是禿頭，剛開始，和他散步還眞有點害怕。」

「哈哈哈……」

從以上的談話可了解，結婚以後對「英俊男士」或者「長得年輕瀟洒的男朋友」之觀念已褪色了，金錢和權勢會左右一切，因此禿頭、胖子和腿短的漸漸受歡迎；尤其是禿頭男人的男性賀爾蒙會隨著緊張刺激的生活，分泌更加旺盛，等過了中年，這些人的地位自然而然比別人高。

年輕英俊的男士若遇上重大事故，會突然間老化，相反地，那三類的人內心充滿自信，臉上容光煥發，神采飛揚，事業有成，家庭生活圓滿。如果是妳，妳會選擇那種人爲丈夫？

男人永遠在乎女友的過去

有一位小姐向她男朋友表白：

「我已經二十五歲了，如果說過去沒怎樣是騙人的，但是……。」

「沒關係，我愛的是現在的妳，對妳的過去並不在乎。」

聽了這些話，那女孩完全放心了。

很多女孩子對男朋友的過去不願追究，也漠不關心，認爲只要關係斷了就無傷大雅，同時也認爲男朋友會有同樣的想法，這是天大的錯誤，因爲男人對這些事特別關心。

例如婚後幾年，當發現丈夫另結新歡而加以責罵時，他很可能會以妳的過去來攻擊妳。雖然妳現在的立場淸白，一旦他抓住這個把柄，卽使妳有百口也莫辯。因此不可完全相信「丈夫不會

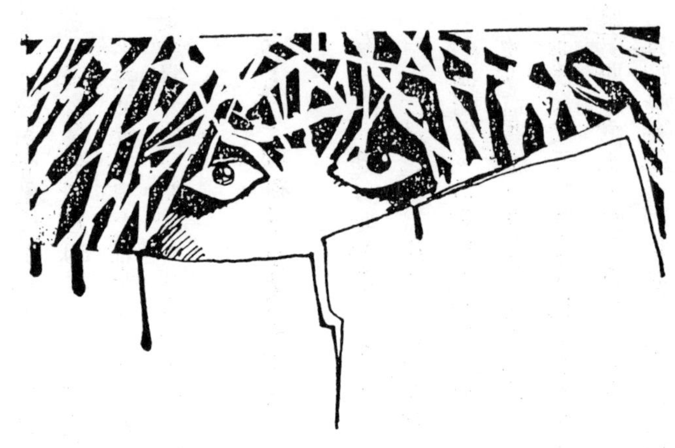

在乎妳的過去」這句話。

妳可以對男友這麼說：

「過去的情形印象已模糊了，我都已經是二十五歲的人了，還要我保持清白，根本不可能嘛……」

不需要完全表白過去，問題在於妳表白的方式。

「那時我太幼稚了，一方面是好奇，十八歲時便和男朋友發生關係，事過境遷，現在我們已經分手了。」

如果是同居，也應該以輕描淡寫的方式輕輕帶過，以表示對現任男朋友的關心，善意的欺騙有時候也是保護自己、不傷害對方的方法。

對電視導演的誤解

影視明星能到電視台工作，一直是年輕人夢寐以求的，但因爲競爭相當激烈，困難重重，在第一線工作的導演成了年輕女子注目的焦點，有的小姐還不惜犧牲色相，以達到目的。心想：「只要能上電視，和他玩一、兩次也無妨」，不知內情的女孩子往往容易受騙上當。

導演的工作和普通的職員一樣，工作時得埋頭苦幹，衣著樸素，絕不會是帶著墨鏡、穿著華麗或穿花襯衫、牛仔褲，頸上掛碼錶，成天泡在電視台附近咖啡廳的男士。而這類男人甚少是電視台的職員，也許是節目的製作人，或者是聯絡工作的弟兄，也只有他們才會僞裝成電視導演來欺騙女孩子。

也有很多人確實參與節目的製作，而向外行人吹噓電視各種節目，不知情的女孩子誤以爲和他們拉關係就可上電視，夢想成爲導演的妻子。等到發現受騙時，爲時已晚了。

外國有些討厭唸書，以走後門入大學的學生，爲了炫耀自己的學識，常用繩子綁上書本，到處招搖過市，各行各業中都會有害群之馬。如果妳仔細想想，導演也是電視台的職員，他不可能利用上班時間從攝影棚溜到咖啡廳徘徊，想通了個中道理就不容易受騙上當了。

有「先生」之美稱的人未必是紳士

一般人均以稱呼對方「先生」來表示敬意，日本人習慣稱醫生、老師、律師、作家等爲「先生」，因爲他們具有某種專精的學問，但如果我們聽到有人說「某某先生是某方面的專家」，這樣的評論似乎值得深思，因爲「先生」二字不但是敬他的學識豐富，同時也尊重他高尚的品德；而品德低下的人中，也有滿腹經綸又聰明的僞君子。

那些特殊人才一輩子閉門造車、研究學問，整天大門不出、二門不邁，只知道如何爲學，對男女間的關係一竅不通，也不懂得如何體貼女人。從酒吧女經理口中得知「客人中最菜的就是所謂的『先生』」，他們很容易醉，酒後便失去自制能力而自我解放，原形畢露，原因是平常在衆人面前必須保持尊嚴，抑制自己；一旦得到解脫，就如脫繮野馬任意而爲之。如果妳以職業來評斷一個人的品格，可能就有所偏差了。

我的朋友中，有許多律師、醫生、作家等一向被人尊稱爲「先生」，他們當中下流的人不在少數。還有一個更有趣的現象：我從酒吧女經理口中得知，下流的人當中，以婦產科醫生居多，所以人不可貌相，一位文質彬彬的男老師，常會有輕薄女學生的舉動，「先生」一詞實在值得懷疑。

擅於掩飾害羞的人是自信的表徵

我在民國六十三年參加市議員選舉，當選市議員。在競選時每爲發表政見而深感痛苦，一位法律專家演講有關法律問題，應該得心應手而不覺得痛苦才對，但是競選時的演講必須自我推銷，懇求大家惠賜一票，難免讓人聽了起雞皮疙瘩，但身爲政治家，必須厚著臉皮爲之，這當然會覺得不自在。

由此可知，不必要的自抬身價會讓人覺得噁心。如果妳的男朋友對妳說：「我很能幹」，或者「我事業有成」，這種自我宣傳的人所說的話及其品格都值得考慮，倘使妳就此相信他的話，就已不知不覺地進入盲目的愛情中了，所謂「情人眼裏出西施」，就是最好的寫照。

一位眞正有學識的人，他所表現出來的態度應該謙虛、禮讓，對別人的讚美會覺得羞愧，這才是一個有自信的人，且果眞能力好，不怕別人不知道。而那些半瓶水響叮噹的人，正因爲肚子裏沒墨水，又深怕露出馬脚，才一味地掩飾自己。這種自抬身價的人根本不算是男子漢。身爲女孩子應該要張開雪亮的雙眼，理智地判斷，以免嫁錯郎。

愈安定的工作老得愈快

早上起床後，到戶外呼吸新鮮空氣、活動筋骨、看看綠色大地，身心舒暢之後又開始展開一天的工作，工作地點在郊外，不但可以接觸大自然，也不會擔心人際關係沒搞好，更不用整天繃著臉孔工作，照理說在此地工作的農人應該會比在都市生活的人健康，然事實却不是這樣。

人類是很複雜的動物，雖然上述工作條件相當優越，但是將上了年紀的同齡農夫和公司職員相比較，結果後者往往會比前者年輕十歲以上，原因是都市的工作及生活大都不規律，既忙碌又刺激，人對這種緊張的環境適應力特別強，因此外表上便產生了極大的差異。

依我個人的見解，固定的工作和年輕與否完全是兩回事，健康並不等於年輕。就拿農人和都市中的工作者來說吧！後者的精神會因爲緊張、刺激而保持身心健康、愉快。再以明星們爲例吧！他們每天趕場作秀、錄製節目，整天在昏暗空氣污穢的攝影棚內，通宵達旦地工作，根本無法享受屋外的陽光，可是他們依然年輕健康、精神愉快，這或許是人類有複雜特性的緣故吧！

許多婦女都希望自己的另一半永遠年輕漂亮，且有一個安定的工作；由上述的例子證明，這樣的想法似乎有待改進。反過來說，每天做固定家事的主婦們，得當心自己容易老化喔！

離婚會上隱

有一位遠房親戚R小姐，年約二十三歲，向我訴說：「公司有一位年約三十三歲的上司向我求婚，他在一年前與太太離婚，目前還是單身，沒有小孩。他告訴我他很年輕就結婚了，因爲那次幼稚的婚姻，給了他很大的教訓，這一次他經過愼重考慮的結果，選擇了我，他認爲一定不會錯，我也相信他的態度是很誠懇的，可是母親却堅持反對我們結婚。」

R小姐的母親認爲：「他有了離婚的經驗，你們結婚後，如果再出現第三者，誰也不能保證他不會再提出離婚的要求。」

作者對R小姐說了一個有關夫妻離婚的故事：

K夫妻在二十二歲那年結爲連理枝，婚後兩三年，兩人因個性不合常發生摩擦，第六年就離婚了，先生在離婚後一年再婚，太太兩年後也結婚了，我還爲他們慶幸，終於找到理想的伴侶，沒想到太太過了兩年，先生過了三年又再度離婚，又過了一年先生三度結婚，太太二年後三度披紗，經過十年太太又離婚了，丈夫暫時保持婚姻關係。

歐美國家最近很流行離婚，在都市中離婚率高達百分之五十，其中有很多人是數度離婚。像這樣不斷離婚的人實在太多了，那些偉大的天才，如哥德、巴斯多爾和畢卡索還不是不斷重複這種愚行。

自古以來，男女間的問題無法以理論來解決，如果理論能解決，上述戀愛專家也不會反反覆覆離婚，把婚姻當成兒戲。

第二章 值得懷疑的男人特徵

——陷阱不易被發現——

本章的序言

自古以來，男女間的糾紛一直是很棘手的問題，卽使是聖賢或天才也常會重蹈覆轍，而「情」又不能以理論來處理，現代化的國家為了解決感情糾紛，特別設立了「家庭法院」。事實上如果能站在旁觀者的立場看感情，就能清楚地判斷出問題的癥結所在，對感情問題也不再那麼難以處理了。

俗語說：「旁觀者清。」觀棋者往往可以看出該如何下子，而下棋者永遠無法察覺到危機四伏的局面，結果下錯一子，全盤皆輸。人之所以無法做正確判斷，是因為受「我要贏」，「我不能輸」等感情所左右，「情人眼裏出西施」這種先入為主的觀念，使得男女雙方無法認清對方的真面目。

在本章中，作者希望能提供讀者，如何讓自己以旁觀者的身分來看感情，而選擇一位理想的伴侶。如果你認為我多管閒事，對感情存有偏見，表示你已身陷其中，無法自拔了，因此請你當心「色狼」。

喜歡戴墨鏡的男人

有一次，朋友邀我到一家小酒吧喝酒，裏面灯光昏暗，煙霧瀰漫，坐下後不久有三、四個客人進來，走在最前面的那位男士戴著墨鏡，沒有注意到前面有個坑洞，整個人跌得四脚朝天。

「好可憐！他可能有弱視。」

一旁的女服務生忍住笑聲。

「他是電影明星嗎？」

「才不是，他只是薪水階級而已，年輕人花樣多，墨鏡是他的裝飾品。」

聽女服務生這麼一說，覺得他好可憐。俗語說：「眼睛是靈魂之窗。」從一個人的眼神可以看出他心裏想什麼，帶上墨鏡不但不會增加帥勁兒，反而會讓人誤以爲他是黑社會的混混，爲了掩飾眼神不正的缺點，才戴墨鏡。如果只是爲了好看才戴，我想這個人的頭腦大概有問題。女人愛美是天性，她們把眼鏡當做裝飾品的心理是可想而知的，相反的一個非混混的普通男人，將墨鏡視爲裝飾品的話，表示他缺乏自信心。

或許有人會說「這種觀念太迂腐了，年輕人本來就喜歡新奇漂亮的外表」，但我自認對此種男士的心態還算了解。故若妳只是抱著玩玩的心理，將男朋友當成玩具態，我倒是不反對。但是這麼做的後果，會使男人失去自尊而離妳遠去，找一個欣賞他的女人一起相處。

不會要求的男人

「婚前一直保持清白的關係」，這句話是以前訂了婚的女孩用來搪塞男朋友要求性行爲時所講的。那時候的男人聽到女朋友這麼說，都會深受感動，由於時代變遷，婚前有過性行爲的人愈來愈多，如果女方堅持拒絕的話，男朋友反而會懷疑她是否經過處女膜整型。

現在是男女平等的時代，男人婚前有性行爲，當然就無權要求女性一定要保持童貞，可是家教嚴格的男人對女人有恐懼感，在母親嚴厲的教誨下，也要求女孩子要保持童貞，等到洞房花燭夜，有性經驗的新娘向他挑情時，反而陽萎了。以這個理由而提出上訴，要求贍養費的案件實在太多了。

不管原因何在，性無能的男性日益增多是事實。就物理上的構造而言，女人只要完成性交行爲就可以，而男人必須有性能力才能使雙方滿足，在發育期間或許是受某些因素影響，而造成性無能。

男方明知自己有缺憾，因受不了家庭及親戚朋友的鼓惑，心存一絲希望，認爲或許婚後會勃起，結果還是造成彼此痛苦的下場。所以男朋友提出婚前保持淸白關係時，妳必須查明原因了。

愛開洋腔的男人

去年有一位中年男子，不斷欺騙女孩子，其慣用的技倆是：「我是某某大學畢業的。」或者「我是某公司駐外國代表」，談話中不時夾雜一些簡單的英文單字，女孩子信以爲眞，甘心受騙，歹徒得逞後消失得無影無踪。這些女孩子因爲自己不懂外文，所以容易受到吸引，尤其是那些不懂外文的女人，一旦遇上那些愛開洋腔的男人，就羨慕得不得了。

我所認識的朋友中，也有許多人在談話時常會混進一些外文，那是爲了工作，必須和外國人接觸的緣故，不得不學習外文。如果這個男人是眞心愛妳的話，他會考慮以妳的知識程度和妳交談，根本沒有必要滲入外文單字來唬妳，如遇有難以用本國語言表達的情況，也要儘量轉換成別的詞句來表達。

最近有錢人家的孩子，考不取大學而進外國大學的愈來愈多，在外國很多大學不用入學考試也能就讀，這些人自以爲學了幾句洋文就洋洋得意，其實他們的程度還比不上當地小學一年級的學生呢！

由以上的例子得知，那些愛開洋腔的人多半有問題，即使對方無意騙婚，可能他的頭腦也不怎麼聰明，才會出此下策，妳應該意識到，這樣的人沒內涵可言。

愛要求接吻的男人

男人與女人在性方面的愛好有所不同，男人認爲性交是一件很快樂的事，也認爲女孩子會有同感，而女孩子多半會拒絕男朋友的要求。

以下是筆者的朋友曾處理過的離婚案件：

「剛結婚的新娘逃回娘家，因爲丈夫不把她當人看。」這裏所謂的「不當人看」，是說丈夫要求雞姦式的性交，使她聯想到雞和狗的性行爲而不願接受。當然這個例子現在很可能成爲談笑話題，不過男人多半靠感官來滿足自己，而女人則是靠肌膚接觸，這是男女的差異。

接吻的情形也是一樣，多數女孩子偏好接吻，男人雖不討厭，也不強求，他們渴望的是另一種更親密的行爲，又怕女孩子會拒絕，因此以接吻爲手段而達到逞慾的目的，每當看到電視中有接吻的鏡頭，女方會不自覺地暗示男方吻她，如果是男方要求女人吻他，似乎有些倒轉乾坤。

從以上說明得知，本來男人對接吻的興趣不濃，只因爲想更進一步和妳在一起，才會這麼做，因此女孩子要特別當心這種色狼。

喜歡說深奧難懂的道理的男人

作者一生經歷相當多，所著的書不下八十本，如果在酒吧裏發表高論，周圍認識的服務小姐會懷疑我是否有病，因平時都說些黃色笑話，或者裝瘋賣傻，她們習以爲常，所以不覺有異，如今一反常態講些正經八百的道理，反倒讓人覺得不自在。話雖如此，她們若有法律上的問題，還是會來找我幫忙。

我花了大把的鈔票到酒吧去，主要是讓自己放鬆心情，忘掉白天的煩惱，故沒有必要說出一些深奧難懂的道理；同理，和女友約會應選擇她感興趣的話題討論，以表示對她的關切，讓兩人度過一段快樂時光。

偏有些頑固的男人，喜歡說些連自己都不懂的玄理，在女友面前表現自己是個有內涵的人，然而這却不是聰明之舉，倒有點像雄鳥求偶時，展現自己優點的樣子。

有很多女性不懂男朋友所說的道理，爲了討好而附和他，還認爲這種談話內容很有水準。假定婚後才發現丈夫是個名符其實的繡花枕頭，再對罵彼此的愚行，爲時已晚了。

表示「離婚後再和妳結婚」的男人

有一位薪水階級的朋友向我控訴「丈夫另結新歡」，類似的案件層出不窮，而對方多半是公司裏的女同事，經過調查，這些先生們多半向對方發誓「和妻子離婚後一定娶她」，對方信以爲眞，甘心奉獻，和他保持親密關係。

作者遇到這類案件，會向傷心的妻子（控訴者）表示：

「如果妳堅持反對，先生就是以刑事訴訟，也無法和妳取得離婚協議。換句話說，他們根本無法結婚，而太太堅決的態度會使先生信心動搖，和她提出分手的要求。多數丈夫都是這樣回到太太身邊。」

這種情形，最吃虧的還是那一位職業婦女，女人愛上有婦之夫，不但得不到法律保障，同時也沾上妨礙家庭的罪名，還得賠償呢！或許妳會說「我男朋友很誠懇，他一定會守信」，靠男人的誠實是無濟於事的，如果太太不願低頭，堅持到底，你們也無可奈何。且過了二、三年，他的熱度會降低而厭惡妳，加上太太的疲勞轟炸，使他受不了而妥協。

或許妳認爲他不是這種人，不過請妳冷靜地觀察事實，如果他是眞心愛妳，在沒有離婚前就不會向妳保證，也不會和妳發生親密關係。妳若只是將這段感情當成遊戲，筆者就無話可說，不過還是得當心其中的陷阱。

帶妳上酒吧的男人

「帶女朋友到酒吧來的顧客眞難侍候，對男的太親切，一旁的女朋友會氣得臉色發青，不爲她服務，男的又會生氣。」一般在酒吧上班的服務小姐都會這麼抱怨。

也許妳會這麼想：「他以交上我爲榮，才帶我去喝酒。」來美化他的形象，不過妳眞的喜歡去那種地方嗎?要是眞愛他就應該阻止他去那種浪費金錢又吵雜的地方，單獨在一起不是很好?別以爲他想炫耀有妳這位女朋友，試想爲何單單以女服務生爲誇耀的對象?理由很簡單，因爲單獨在一起時很無聊，帶妳去那裏有別人助興，同時也表示你們的感情已亮起紅灯。

曾有這樣一個例子，有位年輕人每天晚上帶女友去酒吧，旁人無法了解他爲何這麼浪費，經查明後，才知另有難言之隱，由於他性無能，不願讓女友發現，才帶她去那兒消遣時間。

正常的情況，情侶們多半希望兩人單獨約會的時間長一點，所謂「良宵苦夜短」，除非男友

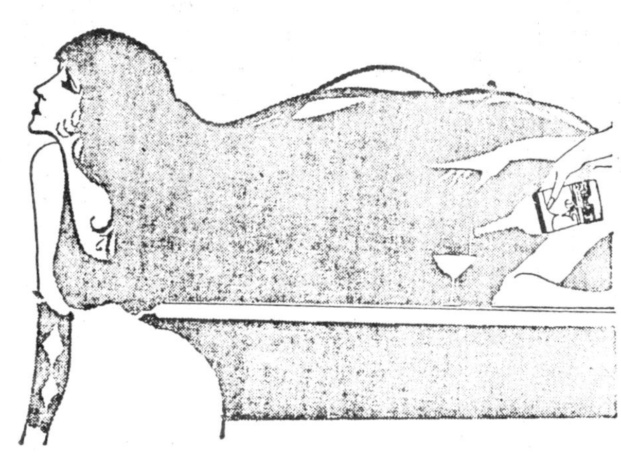

有特殊狀況，否則妳就得提防了。

不希望有孩子的男人

「爲什麼？我們不是要結婚嗎？我不要墮胎，只要在孩子生下前結婚不就可以了嗎？」

「但是挺著大肚子的新娘不好看，而且我的家人及親朋好友會說閒話，所以請妳……。」

這是二十四歲的D小姐和二十七歲的B先生的對話，兩人同居已有二年的時間，D小姐每次要求結婚，B先生總以「經濟情況不佳」，或「正在遊說家人答應婚事」來推託。

「沒關係，妳告訴B先生已經墮胎了，對他仍保持原有親密的態度，等肚中的孩子大了，不願結婚也不成。」

D小姐的同事這麼建議她，但這是不了解男人心理才有的想法，如果對方是有婦之夫或未成年男子，就另當別論，而B先生是單身又已成年，只要彼此相愛，沒有人可以阻止他們結婚，沒必要讓女方忍受墮胎的痛苦。

B先生這種行爲是逃避結婚，兩年的相處可能對D小姐不再感興趣，或者喜新厭舊，總之不願和D小姐繼續在一起，所以才不想有孩子。有了孩子，將來會有麻煩而不好處理，必須奉兒女之命結婚，這種褪色的愛情卽使結了婚，將來也不會幸福，夫妻感情亦不融洽，爲了自己和孩子，D小姐應該拿出勇氣來求證事實，以避日後永無翻身之日。

呆板認眞的男人

批評一個男孩子做事認眞本來是好意，但如果說「太認眞了」可能另有涵義。我們以分數來評斷二個不同的人，認眞的男人加五分，不認眞的扣三分；相反地，不認眞的男人能力反而強，給他七分，認眞但能力稍差的男人扣他四分，計算兩人的成績，不認眞但能力強的人反而分數高。由以上的估計評分可知，評斷一個人不能以偏概全，須多方面觀察。

工作認眞是一個人處世應有的態度，但因這個優點而產生的缺點也不少。據作者過去的經歷發現，工作認眞的人有一共通的缺點，那就是太幼稚、嚴以律己、自命不凡，不願與他人打成一片，到後來成了孤陋寡聞的井底之蛙，他自己還不願承認自己的無知。

在大公司裏工作認眞的人，常被派去擔任看守金庫的工作，或者收集資料、記帳，比較複雜的工作如接洽生意、生產計劃等根本輪不到他，每天做呆板的工作，等到當上課長時就得準備退休了。

先生工作認眞，對家庭生活要求亦十分嚴格，太太受不了而紅杏出牆的例子，在現在這個社會已是司空見慣的事了，因此男人工作認眞固然很好，不過太太要能忍受這種呆板寂寞的生活，婚姻才會幸福。

喜歡送禮的男人

「你的男朋友對你眞體貼，在百忙中居然記得送生日禮物來。」

「是啊！他眞不是蓋的，我沒告訴他什麼時候生日，他就知道，好幸福喔！」

如果你聽到以上的談話，或許也會有同感，女人本來就喜歡接受別人的送禮，但如果有愛貪小便宜的毛病，可另當別論。男人與女人不同，他們對受禮不感興趣，有無功不受祿的男子氣慨。

我認識一位朋友，他將所有女孩子的生日記在一本小册子裏，遇有人生日，就送禮物給她，可是除了太太外，沒有人喜歡他。原因是他太女性化，缺乏男性魅力。筆者認爲就算送生日禮物給所愛的女朋友，也不値得稱讚，說不定有人利用女人愛貪小便宜的心理來騙財、騙婚，因此別太慶幸妳遇到了一位體貼的如意郎君。

未到過風化場所的男人

如果妳問妳的男朋友「是否到過風化場所」，而他的回答是「不，我不會去那種下流的地方」，那妳就得懷疑了。有病的話當然另當別論，然而一般正常的年輕男子，都會有無法控制的性慾，理智是無法左右的，爲了要得到滿足，找妓女去尋求發洩是理所當然的事，且未婚男性到了適婚年齡若還是處男的話，反而令人懷疑是否性無能，所以別責怪你的男朋友對女性有了解。

男人通常把和妓女的性行爲當成是教育行爲，和滿足的工具，因此兩人不會有感情可言，而良家婦女中雖有同樣的情形，可是不斷進行親密關係後，一旦有了感情，她會對現狀不滿足，也不願自己只是對方洩慾的工具，當然會提出結婚或同居的要求，以後要擺脫也不是那麼容易。

對男朋友否定去風化場所的話信以爲眞，婚後很可能會半路殺出程咬金，發生三角糾紛。

主張舉行隆重婚禮的男人

「……一生只有這麼一次穿白紗禮服，大家目光全集中在我的身上，我只是想舉行婚禮，出出風頭，並不是眞的想和他結婚。」

這位女士的想法可能很極端，事實上有很多未婚女性憧憬著結婚典禮的那一刹那，因此有的提議到寒冷的高山上舉行婚禮，到酷熱的夏威夷度蜜月，女人想出風頭的心理是可想而知的。

假如妳的男朋友對婚禮進行的方式、在那裏舉行、邀請那些人等問題非常關切，妳會作何感想呢？人同此心，心同此理，他很可能和某些女孩子一樣，想成爲大家矚目的焦點，或者是有女性化的趨向，不管是何理由，這種男人不值得妳託付終身，也說不定他有意騙婚呢！他會以籌辦婚禮需要錢，開口向妳索取結婚費用，然後遠走高飛。

一位眞心眞意愛你的男人，不會把錢浪費在舖張隆重的婚禮上，反倒會儘量節省開銷，以備日後不時之需。

喜愛攀關係的男人

「……，上一次宴會，總統和我握過手，我也將對經濟的見解告訴他。」他是某經濟團體的會長，和我偶然在大飯店碰面，並且聊了一陣子。

「我和M公司董事長見面時……」

聽到這些人提到有名、有地位的人，妳也許會以羨慕又崇拜的眼光說「他眞偉大，認識那麼多名人」，那表示妳已落入他的圈套了。事實上會說這種話的那些人我認識，第一位是在一次宴會上，總統和大家握手寒喧；第二位是在飯店大廳看過會長而已；第三位是與董事長在公司大廈樓梯口擦身而過。

愛吹牛的人好比流氓喜歡坐進口黑色轎車，騙子愛著高級紳士服裝一樣，他們因爲沒有內涵，便以外表來掩人耳目。

我有一位好朋友，他的父親是名政治家，可是每當有關父親的事，他都會覺得很厭煩，而加以掩飾父子關係，這個人本身也是位相當傑出的人才，他不喜歡沾父親的光來抬高身價。我的父親亦是名律師，照理說只要繼承父志，生活應當很穩定，而我却參加了議員選舉，擔任推事，從事大衆傳播事業，使得父親頭痛不已。

有自信心的男人不願受父親的保護，就算眞的認識社會上的名流，也沒有必要說出來向大家炫耀，這些沽名釣譽的男人如果不是虛榮心作祟，就是另有企圖。

在異地相識的男人

作者喜歡登山，有時在山中度過一、兩個星期，下山後遇到鄉村姑娘會覺得分外美麗而臉紅，所以常想，要是自己的女兒長得不好看，就讓她去登山，登山的伙伴會覺得她漂亮而娶她。連我都有這種不負責任的想法，更何況是到國外旅行的女性呢？

最近，女性到國外觀光成了一股熱潮，其中以年輕未婚的女性居多，因此很可能會發生和登山久不見美色的類似事情。

女孩子對外國充滿了好奇與幻想，認爲外國的月亮比本國圓，結果受騙上當的聰明女性不在少數。此時若有一位講著一口流利當地話的中國人突然出現在眼前，熱心地當起嚮導，內心立刻產生白馬王子、灰姑娘的心理。利用這種崇洋媚外的心理來欺騙女孩子的事件很多，他們主要的目的是詐財、騙身，或者把妳當成搖錢樹，試想，在國內想遇上一位熱心男士都不簡單，在國外怎麼可能這麼輕易就碰上呢？且駐外國的一些商業、科技代表也沒閒工夫陪妳，那麼那些人有何企圖呢？只要妳冷靜分析就不難了解了。

以忙碌為題的男人

「你們的關係進展如何？」

「最近他很忙，沒時間和我約會。」

「年輕人工作忙是可喜的事，表示他很能幹。」

「可以這麼說……。」

有兩位年約二十歲的職業婦女談論著男朋友的情形，話題中的主角大概也是二十多歲。如果這位男士年紀輕輕就繼承父志，爲事業奔波忙碌的情形是值得諒解的，不過有的年輕人爲了滿足虛榮心，常在女友面前誇耀工作多忙碌，其實為了女朋友，應會忙裏抽空與女友見面才是。

據我對人生的體驗，工作愈忙的人，愈會安排自己的時間，因此「工作忙，沒有時間見面」可能只是避不見面的推脫之詞罷了，遇到這種事情，下次再碰面時，請別太高興，要冷靜觀察他對妳的態度是否趨於冷淡化。

有的女性對男朋友這種冷淡的態度善意解釋為「太疲憊了，所以……」，以一位二十多歲的年輕人而言，正值精力旺盛的時期，即使通宵達旦，還是有精神和妳約會，說不定還有精力邀妳到旅社去，男人需要妳時，再疲憊也會提出這種要求。

「工作太忙」只是藉口，他有意疏遠妳，如是另一位年輕貌美的小姐邀他，再累都會答應呢！

有玫瑰色夢想的男人

「……，這次年底想邀妳到夏威夷度假，今年賺了大錢。」

一位過了中年的男人A先生，在一家高級酒吧及俱樂部，高舉酒杯向小姐們說明他的計劃。

「啊！眞的嗎？好棒！」

新來的一位服務小姐高興地歡呼著，資格較老的却在一旁竊笑，說：「又在吹牛了。」

他是我的朋友，爲人不錯，所講的那些話旣出於眞心，也有意實現，我們應該爲他不會撒謊感到高興，問題是他常開空頭支票，生意不好，當然沒有錢實踐他的夢想，只是他確認自己會賺大錢，才會誇下海口請她們去旅行。認識他的人只會當是吹牛，並不恨他，而不負責任的第三者聽了之後，會以A先生吹牛的事當成聊天的話題，編織美麗的夢想。

「我們到墨西哥、威尼斯、羅馬去渡蜜月，房子蓋成別墅式的平房，園中種滿玫瑰、蘭花、鬱金香，旁邊附設游泳池，請兩位女佣幫忙……」，妳的他認眞地說出這些夢想，如果妳信以爲眞嫁給了他，婚後才發現住的是一房一廳的木造屋，家徒四壁，那就覆水難收，後悔莫及了。

因家人阻撓而不結婚的男人

「妳和A先生何時結婚？」

「還不一定，他的雙親及家人反對我們結婚，他說目前正在遊說他們同意這件婚事。」

「可是A先生的家人不是都住鄉下嗎？他又不繼承父親的產業，和誰結婚有什麼關係？」

「我也是這麼說，但他說如果和家人吵架後再娶我，會使我很難做人。」

這是兩位女孩子在車上的談話，表面上那位男孩子的顧慮是對的。過去的社會以家庭爲中心，這種想法很重要，二次大戰後家庭制度崩潰，現在是民主、個人主義抬頭的時代，根據法律條文「婚姻必須在兩性同意結婚爲基礎下才能成立」，生長在新時代的A先生提出因家人反對而拖延兩人的婚期，其中必有緣故。

A先生在外面獨立生活，一切行爲自己負責，爲什麼要家人及親戚的同意呢？這與法律和事實不符，想必他以此爲藉口，表面上虛情假意爲女友設想週到，暗地裏另結新歡，正準備移情別戀呢！

故作神秘的男人

「嗨！今天怎麼只有妳一個人，他呢？」

「本來約好一起吃晚飯，結果他黃牛了。」

「打電話問問他嘛！」

「就是沒法兒聯絡，我沒有他的電話號碼。」

「怎麼會呢？」

「他不希望我打電話到公司去。」

「我覺得一定有問題。」

這是某公司女職員M小姐與K小姐的談話。K小姐在幾個月前認識M先生，兩人感情進展神速，進而發生關係，並以結婚爲題，由他付錢租了一間房子，一起同居。M先生三十五歲，工作層面相當廣，錢很多，到酒吧喝酒都以現款付清，因他從不記帳，沒有人知道他的底細，只是出手大方，女服務生都認爲他來頭不小，因此相當重視。

「就算不能聯絡，爲了臨時需要，也應向其打聽。」

「我也問了，但他回答：『妳那麼不信任我嗎？婚後自然會知道，在職員面前我不願公開，是希望能將妳當成一般的良家婦女迎娶過來。』我很感謝他這麼愛護我。」

K小姐對女友M小姐加以釋疑，並誇耀有這麼愛他的男朋友。

作者聽了心中暗自嘆氣，眞是「情到深處無怨尤」，幾個月後，K小姐又回來當女服務生，因爲M先生在一個月前失蹤，毫無音訊，也沒留下任何生活費，不得已K小姐只好回老本行賺錢了。

據我猜測，M先生可能被捕入獄，再不就是逃到國外，他不願吐露眞名實姓及電話，是爲避免所從事的不法買賣走漏風聲，如果是從事正當行業，何必那麼神秘呢？

聲音混濁的男人

作者在學生時代對登山相當有興趣，常與朋友在山中搭營帳過夜，曾遇過一住家的女主人說：

「是不是學生，只要聽聲音就可辨別。」

當時，不好意思啓口問及原因，直到現在，接觸的人多了，終於了解她話中的含意。同一句話，智慧性與非智慧性的男人，在音色與音質上差異甚大，在此很難提出具體的事實，一般而言，智慧性的人講話聲音清晰不混濁，但不是指像歌星般的甜美嗓音。法國人說：「法文是上帝的語言；德語發音如馬嘶鳴，英文是竊賊的語言。」當然這種比喻不太恰當，只是以此說明，各種語言的發音在感覺上的差異罷了，而聲音受生活環境影響很大。

女人若能辨別對方的音質差異，就可減少受騙上當的機會。騙子往往利用女人偏好於與智慧性男人相處的心理，僞裝爲大學教授，或者某某記者引誘女人上鈎。

至於如何辨別，從電視上的表演可察覺到，演主角的演員，出口溫文儒雅，扮演壞蛋常會說「這個風流鬼……」，或者「這傢伙無藥可救了」，又反派角色說下流話時，一定有意將聲音壓低，含混帶過。

擅打高爾夫球的男人

「別借錢給打高爾夫球迷」，這是銀行貸款課職員多年來的心得。他們所持的理由是，高爾夫球要打得好，一定得抛下工作，專心一致練習，如此一來便無閒照顧事業，日後必有借無還。

我也喜歡打高爾夫球，因爲時間的緣故，現在很少接觸，球技自然大不如從前。以我過去的經驗，實不願贊同女孩子與愛打高爾夫球的年輕人交往，我的觀點是，除了職業選手外，它並不算是一項體育活動，而是一種休閒娛樂、一種享受，任何一種運動的運動員都須具備身手敏捷、年輕力壯的條件，單單高爾夫球這種活動，從事的年齡多半是中年、肚子微凸、運動神經遲鈍的人，只要他們有時間、常去練習，照樣可練出高超的球技。

反過來說，年輕力壯、熱情奔放的年輕人，比較不喜歡這種緩和的運動，他們反而喜歡尋找刺激以證明自己的年輕。

高爾夫球技須不斷磨練才會進步，多數神經反應遲鈍的男人適合學習打高爾夫球，而神經細密的男人，喜歡做智慧性、多思考性的工作，這種人若學打高爾夫球不易專心，球技當然不會有很大的進步。但如果妳的男朋友因自己的聰明才智勝過中年人而得意忘形，最好趁早和他分手吧！

喜歡吆喝的男人

現在台灣是個自由民主的國家，會議中的決議案都是採用少數服從多數的方式，院會也是採多數否決，公司股東選董事、市議會會議或學校選家長代表，都是採用這種民主方式。這是爲避免少數權貴掌權，或偏見的上策。

然現實社會中亦有很多例外的情形，你或許遇到過，有些人大聲吆喝、拍桌子、以暴力讓人屈服，來爭取他人的贊同，另外有些胸有成竹的人，因不願與這些人一般見識，寧可保持緘默，如此一來，不合理的提議便屈服於暴力而通過。

與男朋友約會時也可能有此情形發生，頭腦清晰的妳雖堅持立場，又害怕雙方感情破裂，只好保持沉默，順從他的意見了。這種專施暴力讓人屈服的人，在當今這種自由民主的社會已不被接受，大家對他只是敬而遠之，久而久之他便成了孤僻不合群的人，其命運亦是可想而知的。

如果妳只是認爲「這人很好玩、很有趣」，與他有限度的交往，那倒無妨，若是當爲終身伴侶，恐怕不太合適，成家以後，可能會對妳吼叫，讓妳順從，家庭會因此不和諧而導致悲劇產生。

在公司的股東大會上，有些流氓故意找碴，製造紛亂，以武力破壞多數否決的方式，他們無法無天的做法永遠不會受到尊敬，如果你的男朋友是這種人，勸妳還是另作打算吧！

第三章　那一種男人適當丈夫？

——好丈夫如長跑健將——

本章的序言

「那一種男人是理想伴侶」呢？答案往往會因人而異，在我三十年來處理過無數案件的經驗累積中，得到了一個結論，那就是「那些人不適合當丈夫」，或者「那些女人不適合當太太」。

根據美國專家統計，發現同一對夫妻，離婚後再婚的情形很普遍。男人對女人慣用的技倆是甜言蜜語，海誓山盟，為了愛，卽使赴湯蹈火在所不惜，女人被其真誠感動，於是終身相許，半年後男的又對另一個女人立下相同的誓言。

在交往的階段，兩人確實是真心相愛，婚後則大多數女性會惹上麻煩，因為女人總希望能白頭偕老，一味的相信對方對她的承諾，等日子一久，感情就愈來愈淡了。結婚是長久的事，短暫的愛無法維繫家庭幸福，在此提醒各位女性讀者，選丈夫要選耐力好的長跑健將。

世上不可能有十全十美的人，選擇長跑健將時，剛開始一定會不滿意，或許他有某方面的缺陷，但是，婚姻並不是遊戲，人亦不可貌相，本章的重點在於舉例說明那些男人適合當丈夫，以供讀者參考。

健美先生

我有一個朋友應邀前往酒吧，在裏面沒有女服務生，只有著丁字褲，身材像魔鬼般的男人。一旁的女友們拍手叫好。

「好棒的身材！」

「我喜歡這種身材的男人。」

男侍者撐開雙手，讓身上的肌肉隆起，展示其身材，小姐們發出嬌嗔的聲音，愛慕不已。過去的女人很喜歡這類型的男人，的確，他們比肚子凸出的男人受歡迎，女人會認為躺在他們的懷裏，溫馨無限。但是健美先生是否適合當丈夫呢？一般而言，運動員的肌肉彈性相當好，而健美先生的肌肉是鍛鍊出來的，上身雖然豐滿，却像肉雞的肉一樣不自然。

健美先生可能僅適合在展示場上展現其結實的肌肉，對於激烈的運動，會因為下肢無法平衡而受不了，更無法滿足女人的需要，他們只能說是虛有其表。

門當户對

「我的雙親思想太守舊，他們說男方的家世不好，現在是什麽時代了，還講『門當戶對』。」

這是一般女學生的想法，的確，二次大戰後，家庭制度漸被淘汰，門戶觀念已不存在了，不過他們父母親所講的門當戶對並不是那種意思，依作者我的想法，可能是指現實狀況與生活環境是否合適，婚姻是幾十年的事，所以這些因素不得不考慮。

年輕人反對傳統，認爲反抗是新潮，這是典型現代年輕人的行爲，不過婚姻可不具革命性，自古以來男大當婚、女大當嫁，此乃天經地義的事。

在家庭中，父子間常會因爲意見不合而起爭執，更何況是一位剛嫁過門的外人，這時如果沒有充分的了解，恐怕不容易適應新環境，要想改變幾十年來根深蒂固的生活環境，可不是一件簡單的事。

因此在不同環境下長大的兩個人，因盲目相愛而結合，等問題發生時才如夢初醒，要挽救也來不及了。因此在類似環境下長大的人若結爲夫妻，生活習慣相似，摩擦自然較少，婚姻當然能幸福美滿。

選擇外表老化的男人

女孩子多半認爲，男人過了三十歲就開始老化，因此年輕又老成持重的人較不受歡迎。

假設妳現在二十一歲，先生和妳同年齡，結婚十年後，有了兩個孩子，丈夫正值年輕力壯，而身爲家庭主婦的妳會比眞正年齡老化，這時丈夫在外面若看到年輕的女孩子，反倒會想追求她們。

女孩子通常比男孩子早熟，也快老，因此如果喜歡同年齡的年輕人，等五年後，女人的青春如曇花一現般漸漸消失。而先生却正準備迎接新的人生，太太便成了黃臉婆，選丈夫要考慮年齡的問題，最好能大十歲，妳二十一歲，他三十一歲，十年後，妳成了黃臉婆，他也邁入中年而看破一切，反而會珍惜你們的感情。

性能力強的男人

中年的太太們聚在一起常會談論有關夫妻性生活的問題，年輕的女性聽到後，往往會認爲選擇性能力強的男人爲丈夫最合適。不過除非體質特殊，屬於「沒有男人就活不下去」的女人外，否則那種想法並不十分正確。

多數丈夫在婚後五、六年，體力便開始衰弱，這是生理自然現象。如果所選擇的丈夫性能力強，經過一段甜蜜的婚姻生活後，會對妻子不滿且變得很風流，而不斷地追求其他女人。

結過婚的男人聚在一起，也會談論性生活的問題，有的男人會嘆息自己對妻子的性能力衰退，別人問他說：若與年輕新鮮感的女人在一起，情況如何？他的回答是「另當別論」，平常的男人都這麼說，更何況性能力強的人呢！

沒有抱負的男人

在電視上常看到情侶談論婚後要有幾個孩子，有一位男士竟然說要生九個，組成棒球隊，這種想法實在很天眞。如果你的男朋友反對一結婚就有孩子，認爲這樣太麻煩且一點理想都沒有，那麼他的想法是對的。

未婚男女常談論生孩子的問題，實在不是可喜的現象，男人之所以要結婚是想擁有妳、佔有妳，此乃男性本能的慾望，如果他漠視妳的存在，爲了有孩子才和妳在一起，似乎只是爲生子才結婚，以後生活還有啥意義呢？

別擔憂他不喜歡有孩子，生活穩定之後就會想，男人在孩子未出生前都不喜歡小孩子，等生下後自然就會發揮出父愛的本能關心照顧他，對孫子也是一樣，嘴裏雖不承認，當孩子叫他「爺爺」時，會興奮地將他抱起來。我倒認爲，婚前討厭有孩子的男人，是關心妳的一種表現。

聰明的丈夫

婚禮上，來賓總是稱頌新郎爲才子，新娘爲佳人，而知道實際情形的人會說「他們走後門進學校」，或「新娘不過是個只會和男人鬼混的太妹」，然找對象是否只要是「才俊」就符合條件了呢？現在的男人做偉大事業須具備聰明的頭腦，因此我們總希望所找的對象要有智慧，但聰明並不等於好丈夫。

現在的年輕人在踏入社會前，必先經過大專聯考，爲了不使父母失望，他們埋頭苦幹，不敢看電視，母親也花時間做宵夜陪他們，出社會後，又得和大家競爭才能爭取勝利。

嫁了這樣的人爲太太，以後早晚就得像照顧孩子一樣侍奉他，且他爲了爭取勝利，一心忙於事業，便無暇照顧家庭，如果妻子抱怨的話，他會認爲這種犧牲是必要的，因爲他從小就習慣於別人爲他服務，而不懂得如何付出愛心。因此我希望聰明的太太，別選擇「聰明的人」爲丈夫。

孝順雙親的男人

自古以來，百善孝爲先，照理說嫁給一位孝順父母親的人爲妻，應該感到光榮幸福才對。作者曾處理過許多因婆媳妯娌不合的訴訟案件，太太控訴丈夫站在母親那方，而不保護太太，也就是說如果丈夫能體諒自己，她也會忍耐而不提出告訴。我認爲這種控訴很有道理，這位太太未出嫁時一直受母親保護，現在進入一個陌生的家庭孤軍奮鬥，連最親暱的丈夫都不袒護她，新娘當然要感到不安。

而且姑嫂在母親面前添油加醋，讓兒子很難做人，在這種情況下，如果先生私底下對太太表明立場，願意支持她，無形中會增進太太繼續容忍的力量。如果兒子太孝順，不敢忤逆父母親，反過來責罵太太的不是，身為太太的會因無支持的力量而崩潰。

婆媳間的爭執不是善惡的問題，而是時代的差異，與價值觀不同所造成的，癥結不在於誰是誰非，而是在於先生如何處理，使事情兩全其美，皆大歡喜。

長子如父兄

一般女孩子會認為嫁給長子可以繼承父親的產業，順理成章成了少奶奶，不過現行的法律制度有所改變，在以前，長子繼承財產，不用與弟妹分攤，但是現在已廢除長子繼承制度，財產須由兄弟姊妹均分，同時家庭制度漸消失，繼承家業的法律已無意義。

如果長子想成為店主或公司主持人，而父親又無其他財產時，他必須借錢給弟妹們，償還他們應得的財產，也等於是向人借錢開店，以後便負債累累。如果是將本店賣掉來平分財產，那麼他以後就會淪爲薪水階級，當然生活還是會很快樂，只是無法實現當夫人的夢想。

同時如果長子眞的繼承了家產，太太必定得和婆婆、小姑一起相處，萬一和不來，損失更大，因此選擇對象不要只看重對方的產業，那會得不償失的。

外表過於摩登的對象

過去的人認爲衣著華麗、外表瀟洒的男人就是理想的伴侶，由於時代的變遷，思想也漸漸改變了，年輕少女對男人的評價已由外表轉向內在。

根據我的觀察，現代人所謂的漂亮，並不是服裝整齊清潔或瀟洒的外表，所謂標新立異的服裝已不會引人注目。不過每個人的喜好不同，觀點也有差異，外表英俊的男人不一定是好丈夫。女人終究得嫁人，找個歸宿，男人也會有同樣的想法，因此選擇情人和終身伴侶的標準並不一樣，事實上外表可以隨時改變，而內在的本質是與生俱來的，誰都喜歡自己的先生很耐看，有內涵、有愛心，因此過分重視外表對婚姻是一種禁忌。

前夫的孩子惹人嫌

「……，眞好，可是孩子怎麼辦呢？」

「當然帶去。」

「對方會接受嗎？」

「會呀！他說孩子還小，只有五歲，願意收養他。」

「這樣就可以放心了。」

一年半前離婚的S小姐，很高興地向朋友吐露再婚的事，她的孩子才五歲，我很懷疑那位先生所講的話是否當眞。前面已多次提過，戀愛中的人都是「情人眼裏出西施」，因此男人會接受S小姐的孩子，對男人而言，小孩子亦是西施，等到婚後幾年，熱度退了，大家會冷靜下來，他會認爲孩子是累贅，沒有義務撫養前夫的孩子，說不定還會將孩子視爲前夫的化身，更加討厭他。

就算是自己的孩子，一般男孩的問題最多，管教不易，何況那是別人的孩子，說不定還會錯覺妻子和前夫生活在一起，這種情況會影響孩子的成長，造成代溝，最後向妻子兩者之中選擇一個。即使情形不那麽糟，夾在中間的妻子也很爲難，因此婚前應該仔細考慮這個問題。

誠實並非可靠

「如果有A、B二個男人，A和別的女人發生關係，因受不了良心的苛責而向太太表白，然後離婚另起爐灶；B則欺騙到底，暗中與另一個女人繼續來往，妳們會選擇那一種男人？」

我在酒吧喝酒時，提出這個問題讓女服務生們選擇，結果年紀較大的服務生選擇B，因爲她們認爲男人有了錢，難免會風流，只要不危及家庭，睜隻眼閉隻眼就算了，而年輕的女孩對婚姻沒經驗，總認爲選擇忠厚老實的丈夫最可靠，因此大都選了A，我覺得這種想法很值得商榷。

婚後有了孩子，婚姻生活穩定，妻子絕不願這種安定的生活受到破壞，多數的妻子在知道丈夫有外遇時，都不願將事情鬧開，只希望改變自己以挽回丈夫的心，在這種情況下所考慮的不再是誠實、高尚與否的問題，而是如何才能維繫整個家的和諧，因此很少有人（太太）會在此時提出離婚的要求，那些老資格的女服務生處理得相當正確。

通常誠實的丈夫經不起誘惑，風流之後會很認眞地提出離婚的要求，使太太惶恐不安，雖然他們很誠實，然却造成了家庭悲劇，像B類型的男人，雖然風流，但不下流，只要能保住家庭，得過且過就可以了。

當心婆婆的偽善

「妳的男朋友是長子吧？那婚後不是得和公婆住在一起嗎？」

「是呀！起初我一直擔心他們不容易相處，不過見幾次面以後，發現他們都很慈祥和藹，所以我就放心了。」

這是快要結婚的D小姐所說的話，我却暗嘆她將不會有好日子過了。最初如果婆婆已表白態度不歡迎媳婦過門，夫妻與公婆分居，或許糾紛會減少，遇上先禮後兵的婆婆，日子可就難過了。

二次大戰後，很多建築物遭受破壞，很多人只好借住在親戚朋友家，剛開始大家都和和氣氣，賓主盡歡，一、兩年後，雙方難免會有摩擦而起衝突，有的房東甚至將房客攆走，有的房客偏死賴著住下，於是引起了法律訴訟，曾有一段時期，法院對解決這種訴訟束手無策，租房子都如此，更何況是生活在一起的公婆，而且丈夫夾在中間也很為難，世上的婆婆大都是好人，只是老一輩的人觀念不同，和事佬也不好處理，如果丈夫一心偏袒母親，做妻子的更是苦不堪言，因此

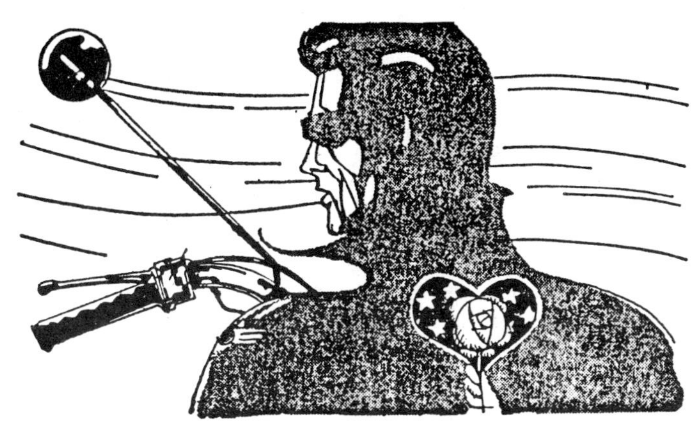

別期望婆媳能和平相處。

風流丈夫向心力強

以前有人爲了選風流愛玩或者忠厚老實的人爲丈夫，意見不和而起爭執。一般而言，年輕時努力工作，等到生活漸入佳境，手邊有了錢便開始沉迷於酒色，導致傾家蕩產的人很多。相反地，年輕時放蕩，吃喝玩樂不務正業，婚後改邪歸正，敬業樂群的人亦不在少數，因爲他們知道風流的後遺症，所以婚後自然會比較收斂。

自古男人多風流，過去女人爲了賺錢，不得不淪落風塵，想尋花問柳的男人沒有錢就行不通。最近男人所找的對象趨向於良家婦女，男人只抱著玩玩的心理，女方却孤注一擲，願將終身託付給他，因爲兩人所持的觀點不一，難免會起爭執，男人知道事情的嚴重性，便會妥善處理，但毫無經驗的男人會沉迷其中，拋妻棄子，造成家庭悲劇，所以婚前風流的男人要比中規中矩的男人來得可靠。

何種職業的男人較可靠

根據家庭法院的調查，離婚率最高的是薪水階級，其次是工人，漁民和礦工最少，這個統計是根據從事這種行業的人數來計算，從事的人多，離婚率亦高。

現在是男女平等的時代，職業婦女的人數日益增加，她們每天穿著時髦的服裝，打扮得花枝招展，男人不自覺地把焦點慢慢集中到她們身上，而認爲自己的老婆不再新鮮可愛，那些職業婦女成了丈夫風流的對象，她們也具備了豐富的知識、開放的思想，眞令男人垂涎欲滴。

而漁民和礦工，每天面對的就是魚和石頭，回家後卽使太太面帶愁容，蓬頭垢面，還是比那些臭腥的魚和無生命的石頭來得動人，家庭自然很圓滿。

影星和歌星們常離婚的原因也是一樣，在工作場所中面對的盡是美女與英俊的男士，有的女孩爲了出名不惜犧牲靈肉，當然會造成家庭糾紛。

錢或幸福

女人總希望自己的另一半要具備「英俊瀟洒、聰明、健康、心地善良、有錢又愛情堅貞不移」的條件，事實上世上這種十全十美的男人大概沒有，「若沒有，至少也得符合二、三項」，雖然降低了標準，因相愛而結合然後離婚的比率却很高，殘酷的事實似乎告訴我們，別對婚姻祈求過高。

現在的女性也很現實，她們選擇工作努力的男人爲丈夫，外表英俊的當情人，這種想法相當新潮，不過她們忽略了一點，有錢的丈夫也比較風流，而且最重要的一點是，有錢並不等於幸福。但如果反過來選擇英俊的丈夫，婚後的麻煩亦不少。

女人最不能忍受丈夫有外遇，她們相夫敎子、維護家庭，爲的是能擁有一個既安全又溫暖的巢，而丈夫所結識的女人對她的威脅最大，然而自己每天忙於照顧先生、孩子、料理家事，不知不覺青春已逝，丈夫的注意力也因此向外轉移到年輕貌美的女孩子身上。

另一方面，對方並不在乎男人的年齡，甚至願與他的妻子一較高下，如此一來做太太的只好尋求法律途徑解決，沒有錢沒關係，只要丈夫能回到身邊就可以了。

第四章　知己知彼百戰百勝

——別讓到嘴的鴨子飛了——

本章的序言

「在家裏喝酒既清靜又免費，為什麼要花那麼多錢到酒吧去，既無法痛快地喝酒，又無法享受清靜，真搞不懂。」

很多太太會這麼想，而先生也無法了解為什麼太太花上幾個小時的時間逛街，一點也不嫌累，更無法想像太太的嘴巴為何像機關槍一樣，嘰喳個不停。其實男女天生有別，女孩子從小喜歡玩洋娃娃，屬於柔的一面，男孩子喜歡玩騎馬打仗，生性好動，個性偏向剛強那方，只要了解這層關係，善意做安排，相互體諒，便不會有什麼大問題。

一見鍾情而閃電結婚的例子畢竟很少，大多數男女經過長期交往，慢慢認識對方，然後再論及婚嫁，這中間包含了容忍與體諒，所謂情到深處無怨尤，只要相互了解對方的喜好，投其所好，婚姻應該是很美滿。

男女的結合，緣份是很重要的因素，在偶然的情況下相識，情投意合才結婚，如果沒有把握住到手的緣份，幸福便很快從身邊溜過，因此奉勸各位女士小姐們，要以謙卑的態度把握住幸福。

苗條並非性感

多數女人喜歡苗條的身材，認爲這樣才符合美的標準，請打開藝術雕畫的書看看，照片上所呈現世界美女的裸體像，個個豐滿，線條既粗又明顯，這些作品無論東西方均視之爲藝術的象徵，由以上的例子可證明，苗條的身材並不具有美的價值。

爲何多數的現代女性都想減肥，保持苗條呢？原因很簡單，目前生活水準提高，人民豐衣足食，營養過於充足，於是往橫的發展，另一個原因是女人天性愛美，滿街五顏六色、不同款式的服裝吸引了她們的注意力，這些衣服適合身材高且苗條的人穿著，另一方面服裝模特兒及櫥窗裏模特兒的身材也都很苗條，因此女人會發生錯覺，認爲只要身材苗條，穿什麼衣服都出色。

身材高矮無法改變，胖瘦則可以減肥或藥物來控制，而男女交往到某一程度，男方會要求永久生活在一起，婚姻生活兩人裸露相對，他所要求的是肌膚親和的快感，如果女方的身材像枯枝一樣，胸部如馬路，可能會令他失望，而且這個時候對方根本不會注意到服裝的美醜，想成爲模特兒的話另當別論，若想使丈夫得到滿足，更加愛妳的話，減肥反而有害無益。

婚禮應力求簡單樸實

「當我穿上白紗禮服那一刹那，別人會以羨慕的眼光看著我，我該換幾套衣服？婚禮在那裏舉行比較夠氣派？到那裏去渡蜜月呢？」

剛訂婚的女孩多半會憧憬著結婚典禮熱鬧的場面，結婚是終身大事，當然很在意，不過與幾十年的夫妻生活相比，婚禮實在是微不足道，如果太盲目地籌措，反而會引起丈夫的反感，而引以爲憂，將費用節省下來留待婚後以應急需不是很好嗎？何必如此舖張浪費。

這也是男女思想根本上的差異，男人眼光看得遠，一切未雨綢繆，女人則較淺見，屬於及時行樂型，所謂當一天和尚敲一天鐘就是最好的寫照，因此女人會將丈夫處處節儉視爲吝嗇，而男人視女人這種心態爲虛榮，此乃男女天生有別之故。

或許感情付出較多的那一方就得屈服，一般而言都是太太先順從，不過長久下來也會出問題。

不愛讚美同性的人

「我討厭妳們科裏的M小姐。」

「怎麼說，她人緣好，長得又漂亮。」

「才怪。」

「和我比起來，她是太漂亮了。」

「哼！眞的嗎？」

這個男人以裝傻的口吻終止了和女朋友的談話，表面上這個女人謙虛的態度實値得稱道，爲什麼男的會有這種反應呢？根據我經驗累積的判斷，女人通常會表示願意替某位男士介紹年輕貌美的小姐，然所介紹的往往是外表平庸但有內涵的女朋友。

原因何在呢？那是因爲女人天性擅嫉，不願與比自己漂亮的同性同時出現在男朋友面前，若無法避免，也會想盡辦法打擊她，相反地如果對方不惹眼，反而會表現得很友善。這可能是上帝賦予女人的警戒心吧！這種濟弱扶傾的心理表現太明顯的話，反倒會讓男人覺得很噁心。

然而多數的女人不了解男人對自己的呵護，反而過度稱讚別人以表示自己的謙虛，讓男方無

法接受。俗語說：「過分謙虛就是虛偽。」男人還是比較喜歡誠實的女人。

不要成為模特兒類型的女人

「這個女人很漂亮，身材好像是服裝模特兒。」有的男人會以這種方式誇讚女人，如果聽到這種話別太得意，要想想自個兒的打扮是否有不當之處。

上街時稍微打扮打扮是理所當然的事，過分地濃粧艷抹反而會讓人覺得礙眼。模特兒那麼刻意打扮自己，注重外表純是因為工作的需要，她們不在乎內涵如何，性情好壞，只要門面好看就可以了。

大家都喜歡漂亮的女人，但是外表並不是絕對性的條件，男人會選漂亮的女人當情侶，卻不會考慮娶她們為妻，他們要的是有內涵的人，如果一個女人整天挖空心思，想著如何裝扮自己，花在鏡子前的時間比做家事多，不斷追求物慾，就像部分的模特兒一樣，打扮得花枝招展，相信沒有男人會眞心地待妳。

說話聲音要輕柔

女孩子多半喜歡養小動物，以前的女人特別愛養一種白色的絨毛狗，這種狗體型小，叫吠聲很尖銳，因此很容易讓人聯想到女人，牠的洋名叫「斯比徹」（Spi tze），有尖銳的含義。

男人是否也同樣有此偏好呢？答案是否定的。他們有所謂的變聲期，長大後聲音變得低沉富有磁性，所以男人的聽覺對低音相當習慣，對女人不協調的尖叫聲，視爲噪音。

受過專門訓練的女歌手會唱出悅耳動聽的曲調，男人也喜歡聽，對於女人的尖叫聲則不敢領教，要是男人形容女人的聲音如從頭頂上迸出，表示他對此女的聲音相當厭惡。

男女交往正熱切時，即使是尖叫聲也會覺得是女友對他撒嬌，但這種錯覺也有限度，等到熱度過後，就算輕聲細語也會覺得像機關槍一樣，而且心裏害怕婚後妻子若心情不愉快時，會發出歇斯底里的叫聲，因而趁早分手。

「斯比徹」的叫聲和這類女人大同小異，除非男人也喜歡養狗，否則亦會皺眉頭。但也不必對這種與生俱來的尖銳聲感到憂慮，只要有限度，別整天嘮叨不停，男人還是會接受的，而且得特別注意講話的速度要適中，明星們說話速度快，純是為了工作上的需要，男人會稱讚其才華，對一般的女人當然是另當別論了。

婉轉的拒絕男人

女服務生在酒吧工作項目，只是為那些喝酒的人服務，端端酒、與他們聊聊天，有的顧客因酒喝多了，難免會站不穩，如果不小心碰到服務小姐們的臀部，她們立刻以嚴厲的口吻說：「我又不是妓女。」而甩掉客人的手，因此她們都認為這些人心存邪念，污穢不堪。

如果那個女服務生是個國色天香的美女，就另當別論，客人會了解她賣面不賣身的心理，問題是在我出入酒吧三十年中，多數女服務生的面貌平庸，所以常因此鬧糾紛而不斷換工作。

當然，酒吧女和酒吧中的應召女郎工作性質完全不同，但拒絕客人時應考慮對方的立場，酒吧得靠他們照顧才能繼續營業，對於提出性要求的客人，應婉轉拒絕，以不傷害對方為原則。

與男友交往時，理論上和女服務生一樣，只要對方是年輕力壯、健康聰穎的男人，多半會提出性要求，若女方不加思索立卽以厭惡的口吻責備他下流，那麼感情就會很快冷淡下來，如果是拒絕丈夫的要求，他可能因此對外發展，找其他女人在一起，以證明世上不只太太是女人。要是對方對妳的拒絕不但不生氣，反而讚美妳很高尚，就算結婚後，也同樣會對其他女人如法泡製。

或許有人會說，現在這種女人已不存在了，事實上我只是強調女人潔身自愛要有限度，別讓男人下不了台，如果這是妳的一貫作風，相信你對別人也不懂得如何關心。

別拿自己的男朋友和別人的比較

「和你同期進公司的K先生已升爲課長了，爭氣點好不好，別那麼沒出息。」

「隔壁家買了電子琴，我們家還是台破舊的電風琴。」

「你的同學N先生已考上碩士班，而你只有大學畢業。」

雖然對丈夫與孩子不必太客氣，有許多女人却常做些很冷酷的比較，並加以抱怨。在我出版著作時，爲了慶祝一切大功告成，常邀些朋友聚聚，趁機打打牙祭，閒話家常，有的老朋友會對我說：「別請我們夫妻倆，我沒有像樣的西裝可穿，加上太太的治裝費太高了，我付不起。」

在聚會時，女人常會與擦身而過的女性徹頭徹尾相比較，如果自己比她好，便向對方微笑寒暄，如果差的話，哼了一聲調頭就走，回家後先生就有得罪受了。

「親愛的，我朋友結婚時請了五十桌，因此我們得請上一百桌，對方到夏威夷度蜜月，我們環遊世界一百八十天好了。」

訂婚時就這麼愛比較，男人會考慮婚後的情形，而就此煞車也說不定。

男人的自尊心強，在別人面前不願認輸，如果妳提出苛刻的條件要他實現，以證明他對妳的愛，到頭來他只會回妳一句：「唯女子與小人，難養也。」跟妳說拜拜。

自然就是美

最近非常流行女性整容，如果是酒吧女郎或者是模特兒，這些得靠外表賺錢的女人，其心理是可以了解的，若只爲了使自己更漂亮，讓丈夫或男朋友更愛妳，那麼這種心態就不健全了。

從前多次提到，男女審美觀念有很大的差異，女人喜歡這種臉型，男人未必會欣賞，既然如此，女性美醜的標準應由男人來鑑定。

女孩子認爲雙眼皮比單眼皮好看動人，鼻子挺的女孩子較迷人，而醫師整型的項目也以這兩種居多，許多女服務生也去美容，結果顧客反而會覺得奇怪。

上帝是公平的，祂給人這項優點，也會附帶某方面的缺陷，違反上帝的旨意就是不自然。站在女人的立場，認爲塌鼻子一點都不美，男人反而覺得這是幸運的象徵，他們選對象時，不會因爲對方鼻子墊高了，眼睛變成雙眼皮而娶妳；相反地，要是知道妳整型過，反而會因此而不高興，看上整型後的外貌而愛妳的男人是要不得的。

最近有一個個案，先生因爲太太隆乳而提出離婚的要求。如果是工作上或實際上的需要，就另當別論，想以此來吸引男人，反而會弄巧成拙。

不假虎威

「有沒有發覺，在M先生升爲課長後，他太太的態度全變了。」

「不只妳，我們都有同感。」

「哼！又不是她當課長，神氣什麼！」

公司有三位年輕的小姐竊竊私語地說，很多女人有這種傾向，只是自己都沒察覺到。

男友帶著女朋友到酒吧去，如果他是店裏的老顧客，女方態度也會因此而驕傲，有時還會發生比男孩子更粗暴的行爲，引起女服務生的反感，隨行的男友雖然嘴裏不說，心裏却因此有了疙瘩。

以太太的想法，認爲丈夫會有今天的成就，全是她這個賢內助理家得體，讓他無後顧之憂得來的，這種狐假虎威的太太反而會讓人輕視，如果對丈夫的成功毫無貢獻，而仰仗其地位，表現出很傲慢的態度，更會引起別人的反感，同行的丈夫因妻子受到輕視，心裏對她亦會打折扣，而不高興，髮妻的話尙可勸告，如果只是女朋友，說不定會就此分手。

要是男方對這種小事不在乎，那麼他一定很任性或者是感覺遲鈍，將來結爲夫妻，也會以同樣的態度對妳，因此在外行事一切要謙虛爲懷。

風流與下流之區分

對這個標題可能有些女性會抗議，認爲這兩種意義大家都明瞭，但是世界上有太多理論與事實不符合的例子。尤其是男女關係，男人會批評某個女人風流，但不下流，因爲觀念的差異，女人很容易搞混。

就男人的眼光，那一種女人才是風流或下流呢？如果舉些大家都熟悉的明星或歌星的例子，並加以分類，就能豁然開竅了，不過這麼做有毀謗他人名譽之嫌，因之在此不便說明，一般而言有下列特徵的可稱是下流：

1. 服裝拉雜不整，蓬頭垢面。
2. 穿著令人作嘔的內衣。
3. 臉上的肌膚比實際年齡老。
4. 思想遲滯。
5. 吃東西會發出聲音。
6. 口臭。
7. 牙齒黑。
8. 聲音混濁。
9. 駝背。
10. 常說些下流不正經的話。
11. 家裏養有許多流氓。
12. 愛亂說話（造謠生事）。

由以上幾點發現，這些下流的行爲屬於後天的，容易矯正過來，所謂的風流是先天的。不具備風流特性的女人，先生會認爲索然無味，但太風流的女人，到了丈夫疲憊倦怠的夜裏，反而會著粉紅色透明的內衣要求與他行房，生性風流的女人永遠是本性難移。

適度的裝扮

有些女孩子和男朋友約會之前，爲了裝扮自己，翻箱倒櫃的找衣服，花了一個多小時才出門，如果仔細回想一下約會的情形，看看男朋友有否讚美妳當天的打扮。事實上，男人很少會注意女孩子的裝扮，他的目光只集中在女友的身體，所要求的也是性關係，要是妳認爲他很無恥，他反而會說妳很膚淺。

男人多半不會關心女人的穿著，他們愈關心妳，就愈不會留意外表，有這種傾向反而應該慶幸遇上好對象。通常感情淡化後，男人會對女友的穿著表示不滿而加以責罵，因此想以服飾來吸引他們的注意力，可能會引起反效果，說不定還嫌棄妳太奢侈浪費。

女人應時時保持整齊清潔的外表，適度打扮，而且要配合身分地位，不必過分拘泥外表的打扮，時時充實自我，但也不是隨便穿著，留給別人邋遢的印象。

嫉妒非上策

「最近和男朋友的情況如何？」

「我們的感情好像愈來愈疏遠，不知道會不會結婚。」

「眞沒用，只要妳多看別的男人一眼，他就會吃醋了。」

「嗯，好辦法！就這麼做。」

兩位年輕小姐正談論著如何對付男朋友的方法。以前用這種方法或許有用，現在就難說了。以前的男女如果感情好，旁人自然會將他們配對在一起。交往一段時間後，男的甩掉女的，別人無話可說，若女的甩掉男的，不但男方顏面無光，且別人會暗中竊笑他「無能」，去提親的人也會減少。

現在可就不同了，妳的他很可能也是別人心中的「白馬王子」，婚前若對妳瞭若指掌的話，很容易移情別戀，並伺機另求發展，別的女孩子亦展開雙手迎接，甚至打開雙腳等待男方投懷送抱。

男人生性風流，要阻止的話需受到社會性的限制，也就是說男女對風流的觀點不一，女人有時得睜隻眼閉隻眼處理丈夫對外的行爲，最重要的是雙方要互敬互諒，彼此關心，丈夫雖然風流，亦會以家庭爲重，刻意的要求反而會引起反效果。

愛不要說出口

女人可能從沒發現自己有種習慣，那就是很會俟機問對方愛不愛自己，否則不會安心的。尤其是美國婦女這種情形更嚴重，從西部片中就可以看得出來，剛接過吻，就開始問男的「愛不愛我」，如果仔細地算算，同一部影片中，出現這種問話的機率相當高。

偶而問問對方：「愛不愛我？」他會很有耐心，且興高采烈地回答妳：「愛，當然愛囉！」但是進入親密的關係後，男人多少會恢復冷靜的本性，對妳這樣的問話覺得不耐煩，先生對太太也是一樣，如此一來做太太的只好在丈夫進入忘我狀態的性興奮時問他是否愛她，丈夫因不願破壞當時的氣氛，只好回答「是」。

爲什麼男人不願回答女人的問話呢？這表示彼此的關心，且說個「是」字，既不花時間也不費力，又可使女人高興，男人難道就這麼吝嗇嗎？你的想法很有道理，但是女人很狡猾，她們常利用對方回答是的時候，趁機要求他買東西，或爲她們做事，以行動表示愛她們，甚至還會以此爲離婚的反駁，要求丈夫同意離婚。

如果眞愛一個人，就該信任他對妳的愛，老是掛在嘴邊的愛愈不可靠。

寧可等人也別讓人久等

女孩子常有遲到的習慣，有時候爲了使對方焦慮，故意遲到，認爲男朋友會因此更愛妳，偶而一、兩次或許有用，如果一而再、再而三的話，相信男朋友一定會跑了。

男人的自尊心很強，其強烈的程度絕非女孩子所能想像的。在做生意時，他們寧可等對方，也絕不讓別人等，萬一有不得已的情況，見面時也會一再道歉，因爲他們不願讓對方嘲笑自己不守時，生意若因此談不成，回去也不好交差，由此可以證明他們的自尊心很強。

同理，約會時如果故意讓他久等，不但無法引發心中的激情，說不定還以爲妳發生意外；或見面時表面上裝做若無其事，心裏却漸漸疏遠妳了。

男人在生意上或有求於人時，才有耐心等別人，在情場上也是一樣，爲了利用妳的裙帶關係或奪取財產，才會像傻瓜一樣耐心地等妳，其實他等的只是金錢、名利和地位，而不是妳。

一位有男子氣概的人，一定「言必信，行必果」，守時就是一種信用，如果約會時提早到的是妳，相信對方會更加珍惜妳，有句話說：「寧可人家負我，我也絕不負人家。」如果抱著這種態度交往，相信婚姻一定會很美滿。

第五章 男人慣用的伎倆

——如何使女人落入圈套——

本章的序言

讀者或許知道，我曾有七年的時間，在電視上主持一個有關揭發男人如何欺騙女人的各種事件，及所牽涉到法律問題解說的節目。實際上很多女人和我都有同感，為什麼女孩子那麼輕易就相信男人的花言巧語，而掉入受騙的陷阱之中呢？

「大概自古以來，女人注定得受男人欺騙吧！」

我很了解這些受害者自怨自艾的心情，本章針對這點提出男人欺騙女人慣用的伎倆，或許這對目前的妳毫無意義，但對那些剛要落入陷阱，或者已身陷其中的女人，也許會有些許的幫助，至少讓她們清醒過來，而不致受到嚴重的傷害。

我抱著這種心態寫下本章的內容，那些方法都是人想出來的，除了某些細節較複雜外，基本上種類並不多，我將它們加以整理分類，象徵性地記載下來，並舉例說明。

當妳看到本章時，也許會產生「雖然與自己的遭遇很類似，在某些地方上却有差異」，因而慶幸沒受騙的誤解。在此呼籲天下的女性，別以自我安慰的心情看這個章節，前面也曾提過，女人對自己的遭遇期許過高，到後來吃虧上當的事件比比皆是，因此還是謹慎一點較好。

騙婚的手段

所謂的騙婚，就是不想結婚而謊稱願意結婚，目的在於詐騙金錢財物的行爲，因而在刑法上以詐欺的罪嫌被提出上訴，如果只是騙身或玩弄對方，則不予起訴，只是在民事訴訟上可以要求遮羞費。

每年都有許多女性成爲騙婚的受害者，仔細研究這些騙婚者所使用的手法，便不難找出共通點，只要稍加留意，相信受害的機會可減少到零。

第一，他們專找身邊有積蓄、家中有錢，或者擁有遺產的女性爲對象，並一再的拖延婚期，等到錢騙光了，人也跑了。

其次，在接近物色好的目標時，通常使用較不自然的接觸方式，故意找機會與妳搭訕，如在路旁或咖啡店和妳聊天，而且如果不是年輕人，就是中年或接近中年的人，遇到這樣的人和妳搭訕，要特別注意。

他們多半掩飾自己的身分，僞裝成律師、教授或記者等智慧性的職業從事人員，以掩人耳目，讓對方安心，因此職業的對證也是識破騙局的重要方法之一。

其目的在於騙取財物，對同一個對象不會花太多的時間，唯恐會露出馬腳，所以發生肉體關係後，便立刻進行騙取的工作，他們的表現方式也是有跡可尋的。

例如臨時急需，因某種緣故無法取得自己的錢財，請女方代墊爲由，或手邊現有的部分還差一點，請女方幫忙等方式來博取同情。他們不會那麼笨，向女方說明自己一無所有的事實，要是妳的他在和妳發生關係後，立卽提出有關金錢的事情，請特別留意。

此外，他們爲表示深愛著女方，而態度認眞，整天形影不離，依他們的年齡應該有更重要的工作要做，不可能撇下工作，整天陪著妳，由此可以判斷其居心何在，但多數的女性則沉醉其中，無法以理性來辨別是非，因此到頭來失身又破產，落得悲慘的命運。

有婦之夫的手段

在最近的一次民事訴訟上，有一位妻子控訴先生愛上公司裏一位未婚小姐。薪水階級的妻子對丈夫風流的行爲感到很困擾，而且目標都指向上述這類型的小姐。

爲什麼這種事件愈來愈增多呢？原因很多，那些有婦之夫對小姐們的甜言蜜語，打動了女孩子的芳心，使她們產生錯覺則是不能予以置否的事實。

「啊！M小姐，妳眞的是旣溫柔又體貼，且善解人意的人，我太太要是有妳一半就好了。」

課長先生長噓短嘆地抱怨妻子的缺點，並捉住機會與M小姐的優點相比較。

「課長好可憐喲！如果我成了他的妻子就不會發生這種事。」

M小姐心中不斷反覆地想著，漸漸地對課長的同情轉化爲愛情，且憎恨他太太的跋扈，而產生了敵對的心態。

「M小姐，我要和太太離婚，然後娶妳爲妻。」課長堅決地說。

「課長不惜犧牲家庭與我結婚，如果代替他太太的地位來照顧課長，對他比較幸福。」

M小姐下定決心，將自己奉獻給課長，一、兩年後仍保持親密關係，但時間一久，這種關係就漸漸淡了。

「M小姐，我費盡唇舌說服太太與我離婚，她硬是不肯低頭，既然無法和妳結婚，再繼續這樣下去，對妳不好，請忘掉我們這段情吧……！」

課長對M小姐已經感到厭倦，才說出這樣的話，但對她而言，既無法律保障，身心亦受到傷害，實在得不償失。

凱子的真面目

某大廈裏的一個房間門口掛著「××企業股份有限公司」的招牌，二十六歲的S小姐進到裏面後，面無表情往後退，客廳中有四、五個像兇神惡煞般的流氓圍著二十八歲的K先生一起喝酒。

「噢！來了嗎？進來喝一杯吧！」

K先生一反常態，表現得很客氣，反倒使S小姐內心更加惶恐，那些醉漢的眼睛直盯著S小姐的身體，K先生一把抓住她的手，驚慌之際立刻甩開他的手，倉皇逃出這個房間。

S小姐是某高級俱樂部中非常受歡迎的女服務生，半年前K先生帶著二、三個朋友到此喝酒，出手大方，除了付清酒錢外，還給了不少小費。周圍的年輕人在S小姐耳邊輕聲地說：

「K先生是大財閥某企業公司總經理的私生子，身上帶的、用的都是高級舶來品，開的是名牌的進口跑車。」

S小姐替K先生掛第二次帳後，就一直渴望他能再度光臨，三個月後K先生所記的帳已超過一百萬，S小姐催他付款，他總推託說「下次一起付」，下次來還是沒付，經過多次催促，終於答應讓S小姐到公司去收帳，結果發生了上述的事情。

以後K先生便以此威脅，「要的話到公司收帳」，後來乾脆把公司賣掉，從此行踪不明，S小姐爲了這件事，得賠償店裏大量的金額，因爲是她同意簽帳的。

前面提過，只有冒牌貨才會僞稱自己是「某大財閥的兒子」或「某偉人的私生子」來招搖撞騙，女孩子亦信以爲眞，才會產生這樣的悲劇。

所謂冒牌貨，通常都會謊稱自己是私生子，我們也無從查起，只有靠外表的判斷了，外表愈高級華麗，詐騙的可能性愈大，年輕小姐也會因爲漂亮的外表而天眞地受騙。

「先生」變成狼

我是律師也是國會議員，別人都稱我爲「先生」，過去有人認爲傻瓜才願意接受這樣的稱呼，一般人稱某人爲先生，多少都有尊敬之意，年輕小姐雖然不認識醫生，爲了診斷病情，願意裸露身體讓他檢查，家長們放心地將可愛的孩子交給學校的老師照顧，就是信任他們的證明。

但是「先生」們亦是人，他們常利用別人對自己的信賴感和安全感，做出傷天害理的事。例如有位婦產科醫生，爲治療病患而強暴一位女性患者，以強姦罪被提起公訴，後來宣判犯了準強姦罪而處徒刑。

還有一位中學老師，以升高中的分數利誘孩子的母親，和他發生關係，母親認爲爲兒子犧牲是值得的，結果丈夫以不貞的罪嫌控訴她，而造成離婚的悲劇。前面也說過，許多騙子常以有「先生」之稱的職業來取信於人。不管如何，很多女人對這些人的辨認還是缺乏常識。

在此要仔細考慮爲何某人會被冠上「先生」的頭銜，是否具備豐富的學識，或者高尚的人格。現在只要學過法律就可當律師，學過醫理則可當醫生，研究過教育學便可成爲教員，他們只不過比普通人更具備某方面的學問而已。

然而國外有許多人，以走後門的方式進入大學，在大學裏學得某些學問的皮毛，並不能保證他們的人格高尙，在學問方面也不見得比那些「先生」高明，就因爲別人稱其爲先生，而成了年輕小姐心中的偶像，對他們完全信賴；這樣實在危險，那些小姐們將自己對專門知識的信賴感轉移到「先生」的身上，而產生了錯覺。

最近，「先生」對異性意圖不軌的犯罪案件日益增多，可能是因為女性們的錯覺而引起的，因此要特別提醒女性們，明辨善惡。

勿上賊船

「我送妳回去吧！」年輕小姐就這樣誤上賊車，被人面獸心的男人凌辱了，這種案件層出不窮，但為什麼還有人會落入陷阱呢？可能是她們認為事情不會那麼湊巧落到自己的身上，因誤解而造成悲劇，那麼又為什麼會有誤解產生呢？

如果自己一個人三更半夜獨自走回家，突然有車子停在身旁要載妳，因不認識對方當然會有警戒心，要是對方態度真誠，要妳別擔心，並面露微笑，為了不辜負別人的好意，便會欣然答應，內心想：「又不是送到偏僻的郊區，途中必路經鬧區，應該無大礙。」妳這樣告訴自己，說聲「謝謝」就上車，如此一來好像告訴對方「對不起，讓妳久等了」，隨而有一或二個男人也上了車。

「怎麼，只有一個人……」，這時心裏又不安起來，但車子已開動了，途中並沒發生什麼事，自己又不好意思開口要下車，突然車子加速前進，急轉彎開往人煙稀少的郊區，等到發現大事不妙而想採取行動時，隨行的男人立即亮出傢伙要妳安靜，若不合作臉上就會掛彩，以此威脅妳，接著拖下車來輪暴，這是公式化的犯罪方法。

以上述的說明可以了解產生誤解的因素，起初因爲車上只有一個，讓妳有安心感，上車地點在鬧區也可使人安心。此外最近的車窗都很大，必要時只要大聲喊叫，所以沒有危險，接著是不願辜負別人的善意，這種種的因素總和起來，當然構成了誤解。

一失足成千古恨

某日，在某公司上班的R小姐，因爲挨了上司的訓，又與同事發生口角，心情極端惡劣，便到同鄉女友經營的一家小酒吧喝酒，她大口大口的灌讓女友感到不安，晚上九點左右，店裏的常客K先生光臨該店，與R小姐舉杯共飲，兩人情投意合，擁抱著走出酒店，女友直向她使眼色，可是她卻不予理會，女友知道這位K先生是個調情聖手，常誘拐良家婦女。

K先生帶著R小姐到附近的旅館，半清醒狀態的她明知會有這種結果，但心想「反正只有一個晚上，逢場作戲又有什麼關係」，反而自動地投懷送抱。

隔天，R小姐酒醒後，知道K先生是個下流無恥的人，便避不見面，K先生三番兩次打電話

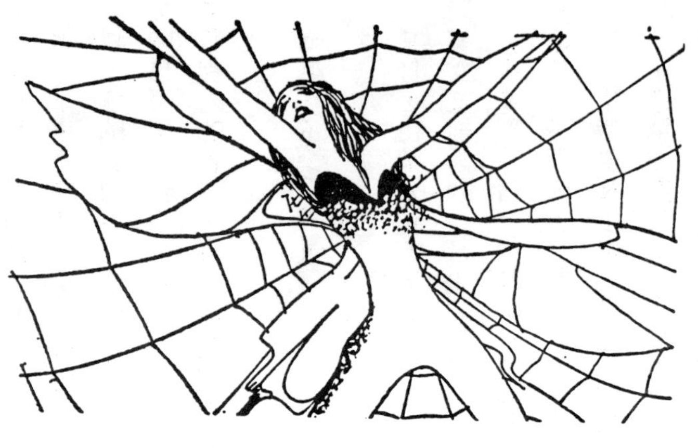

到公司去要求與她再敍樂，也遭到拒絕，下班時，他便等在門口，R小姐不得已只得答應「再一次，但下不爲例」，到了旅社，K先生緊緊抱住R小姐，兩人雲雨巫山後，K先生綁住R小姐，拍攝了許多各種姿式的裸體照，以後便以此威脅她答應，否則要將照片公開。

女人和男人不同，如果沒有愼重選擇對象，則一失足成千古恨，再回頭已百年身，和R小姐相同，自毀人生的女性不計其數。

相信沒有人會因爲「將來要成爲妓女」，或「將來要嫁給流氓」而自暴自棄的吧！女孩子涉世不多，因爲偶然的機會與男人接觸，使得未來的人生坎坷不平，古今中外都是一樣的。

酒精形同麻醉藥

最近許多婦女和男人一樣也喝起酒來，在男女平等的這個時代，喝點酒對女孩子的身體是有益無害的，因爲有這樣的認同，所以更加危險。男人也一樣，大量酗酒，常會造成嚴重的後果，因爲酒量淺的人，喝到一個程度，身體無法負荷，便會停止繼續喝酒，而酒量好的人，自認爲身體還能支撐，於是拚命灌，然而腦細胞已被大量酒精麻痺，在無自制能力的情況下，常鑄成大錯。

酒量好的女孩子會讓男孩子覺得有趣，而拚命灌她酒，等到女孩子不醒人世，豁出去時，男人便趁機下手，玷汚她的身體。

要是她突然間醒過來，責駡男人的獸行時，男人便以女人醉後自己要求行房的理由來逃避責任，經過一晚的接觸，以後會常以此要脅再和他相好。如果是妓女因有金錢上的交易，一方面可賺錢，一方面是「性」趣所然，那倒無妨。許多流氓則利用注射麻醉劑讓女人失去羞恥心，去替他賺錢。

酒精可使一個人失去理智和羞恥心，作用和麻醉藥相似，男人因喝酒而失去羞恥心，若無鑄成大錯，頂多是變得更加風流罷了，而女人不同，若失去羞恥心，會在男人的面前將自己的身體暴露無遺，以後便成了男人玩弄的對象，毫無價値可言。

一個眞心愛妳的男人不會利用女人愛表現的心理勸妳多喝酒，反而會阻止妳、保護妳，讓妳別失去羞恥心。

現代職業婦女和男同事或生意伙伴一起喝酒的機會增多，且喝酒對女孩子又有好處，我認爲這種很危險，希望年輕婦女能三思而後行。

口蜜腹劍

人常將自己的缺點隱藏起來，裝出很友善的樣子，男女間的關係亦是如此，例如女人絕不會說出因爲看上對方的錢才嫁給他，或者因爲看中錢才甘心委身當人家的小老婆。

男人也是一樣，當他因爲性飢渴才追求妳時，絕不會說出只要妳的身體這類話，而說「愛妳如痴如醉」，或者「妳是個偉大的女性」，以這些話來掩飾內心的慾望。反過來說，如果以「要和妳在一起」，或「想和妳發生關係」這類話來代替「我愛妳」，則他可說是個很誠實的男人。但是女人很討厭男人這種直接性的求愛方式，含蓄的表現或暗示想與對方發生關係，女孩子比較容易接受，如果有個男人說得太直接了，反倒引起對方的反感，認爲他下流無恥。

或許有人會認爲我太古板，就算說了也不會影響他們之間的感情。那是因爲你們只是抱著玩玩的心態，眞正到了適婚年齡的男女，會很在乎對方的言行擧止，以此作爲選擇對象的標準。

但是許多玩弄感情的騙子，抓住女人這種心理，不斷稱讚妳，以甜言蜜語來哄騙，讓妳心甘情願地奉獻自己，結果那些誠實憨厚的人，反而因爲使用方法較直接，而被三振出局。

俗語有言：「人不可貌相」，遺憾的是古今中外評斷別人時，都以相貌外表爲標準，因此發生了許多誤差。

財務職員最惹眼

挪用公款似乎是男人犯罪的專利，最近報章雜誌女性因犯業務詐欺罪而上報的比率有增多的趨勢，她們挪用的公款比男職員多上幾十倍，屬巨額詐欺。

經過調查結果顯示，主謀還是男人。女人爲了討好男人或者受到男友利用，於是做出這種犯法的行爲，換句話說，男人還是和以前一樣，脫不了關係。

我曾處理某一公司女職員N小姐捲款而逃的案件，她在三年內挪用了將近兩千萬的公款，加上自己的積蓄全給了男朋友，大家無法了解她竟然會做出這種事，她自己以後的命運也很悲慘。

N小姐進入公司已有十年的時間，她工作一向很認眞，管理財務也很誠實，是公認的好職員，警察查詢她時，她還一再強調此事與男友無關，因爲她騙他說，那些錢是父母親賣掉鄉下山林的所得，事到臨頭還一直爲她男朋友辯護。

眞是情到深處無怨尤，爲了所愛的人，即使赴湯蹈火，在所不惜，挪用了如此龐大的巨款，連男人都無法相信，這不是最好的下手對象嗎？她們整天與數目字、鈔票爲伍，沒見過大世面，若正巧又是適婚年齡，不是很容易就掉入陷阱了？

她們對自己的長相沒有自信，也沒有男人注意過她們，生活相當枯躁乏味，此時若有一個死心塌地愛著她的白馬王子闖進她的世界，對她照顧得無微不至，十分體貼，陷入愛情的她即使整顆心掏給他也願意，等到美夢乍醒時，才知大勢已去了。

引人注目的女人

研究犯罪學學者常以「易犯罪者的模式」爲題，加以探討。我從事「男女關係」的研究已有三十年的歷史，以女性的立場而言，也有容易受騙的類型，當然也有例外的情形，現在爲各位列舉幾種易受騙的類型：

1.年齡：二十七、八歲的單身女性最容易受騙，女人一過了三十歲，對婚姻的看法就淡了，慾望也漸漸消失。

2.外貌：中等外表的人是男人下手的對象，面貌姣好的女性，對自己相當有自信，選擇對象的眼光也較嚴格，碰到陌生男人的搭訕會特別謹愼。

3.性格：做事半途而廢、個性開放的女人容易成爲目標。個性隱藏於內，不易辨別，但從服飾、髮型可看出一個人的個性。另一方面，個性強烈的女人也很容易上鈎，這種女人表面堅強內心脆弱，只要對她施加壓力，很快就會崩潰。

4.生活：遠從鄉下到都市工作，住在公寓裏的單身女郎也是歹徒的目標，憑良心說，她們很需要男人的愛護，以彌補內心的寂寞。有積蓄的女性，她們的存款也常成爲男人騙取的項目。

5.興趣：出手大方、虛榮心重的女人也是目標，她們由於虛榮心作祟，容易受到煽動。另外頭腦簡單、四肢發達的女人亦是。

6.肉體：身材豐滿的女性亦是目標，他們的目的不在於愛情或精神上的慰藉，而是肉體上的滿足。那些心地雖好，身材却如枯枝的女人，無法引起他們的興趣。

7.職業：以學歷初中或高中的女性爲目標。在生意場上打滾的女人，對價值觀和社會觀比較清楚，因此不會成爲他們的對象。大學女生自視過高，要求太多，也不會受歡迎。

8.其他：他們對厲害型和溫和型的女人有相當的認識，使男人感到棘手的女人，他們也會退避三舍。

第六章　受害後的應對措施

——如何解決問題——

本章的序言

本書在前五章一直強調如何防止受騙的悲劇產生，將各種男人的型態及慣用的手法，毫無保留地告訴女性讀者，希望能使傷害減少至零。

但是人類，尤其是男女間的關係，從古到今一直存在著明知故犯的矛盾現象，而且許多女性常自我安慰認為自己的情形較特殊，不是書中所提的犯罪例子。由於有這種錯誤的認知，而一直生活在夢想中，即使我一再提出呼籲，仍有許多女性步上悲劇的後塵，遺憾終身。

這時應該怎麼辦呢？有的人會自怨自艾：「算了，怨不得誰，是我自己太傻了……」，這也是一種辦法。有的人却很堅強，強忍住眼淚，立即採取報復的措施，來追究應付的責任，本章就是為這類女人所寫的。

首先要說明一點：我並不是教你撇開自己的錯誤不談，而一味地責備對方。對於你採取報復的強硬態度，我要加以解說的是：「發生這種情形妳自己也有錯，並沒有資格責備對方。」否則如果追究刑事責任的結果，妳一定得坐牢了。

女人被所愛的男人拋棄了，常會一時氣憤而講出「我要讓你在社會上消失」，或者「我要跟你同歸於盡，絕不放過你」等之類威脅的話，當然「愛的愈深，恨就愈深」，這樣的心情很令人同情，但是這種下流、兇狠的手段，在法治的社會並不適用。

國有國法，借助法律來懲治不法份子才是上上之策，而且可以得到實際利益，例如若勝訴的話，可向對方要求賠償，本章就是要告訴大家，有關的法律常識。

有無法律保障的差異

「現在是自由戀愛的時代，你不要多管閒事！」這是年輕人常掛在嘴邊的台詞，事實上亦是如此，但是自由包含了責任，這是人們容易忽略的一句話。的確，過去民主主義的法治制度也承認「自由戀愛」的方式，不過二人自由任性的結果會造成「自己做的事，自己負責」，法律不願干涉的後果。

如果被男友拋棄，心有未甘而提出控訴，要法律來追究責任，這種只停留在戀愛關係的糾紛，原則上法律不予以起訴。

有那些男女關係能受到法律的保障呢？以下將其分類具體地說明，身爲現代人要具備這方面的常識。

1. 友人、戀愛關係——這兩種關係在法律上並不生效，二人間無權利義務可言。其他像同居，有無肉體上的關係，與法律無關。

2. 婚約關係——婚約若經過法律承認，而有配偶的關係存在，倘若一方遺棄另一方，可向法院控訴，追究不履行婚約的責任。

3.實質關係——雖沒有申報婚姻關係，實際上過的是一般的夫妻生活，除了變更「姓」和遺產的繼承權外，其他和一般的夫妻一樣有著相同的權利和義務。

4.夫妻關係——現在的法律明文規定一夫一妻制，這也是唯一受到公認的男女關係，如果兩人在權利義務上發生糾紛，法律一律予以全面的保護。

5.「細姨」關係——愛上有婦之夫，兩人保持親密關係，雖無金錢上的往來，在法律上還是認爲這個女人屬於小老婆身分，不但得不到法律保障，說不定還會被控訴妨害家庭的罪嫌，情況相當不利。

由以上的分類得知，在法律上只有一夫一妻制的男女關係，才能受到法律保障。其他還有接近夫妻的形態，如婚約和實質關係的男女，在法律上可以站得住脚。

騙婚的受害者

二十八歲的F小姐，結識了比自己小一歲的N先生，半年前N以認眞的態度向她求婚，終於得到首肯，兩人進而發生關係。之後N先生以買房子，但尙缺部分款額，及想投資做生意，但資金不夠爲由，向F小姐借錢，當F小姐猶豫不決時，N先生一再保證「結婚後我的東西不也是妳的東西，所賺的錢當然是歸我們所有」，不斷地以甜言蜜語來打動她，於是欣然地將所有的存款交給N先生。不到半年的時間，存款簿被領得精光，而N也以「個性不合，不宜結婚」爲由，離開了她。

這是典型的騙婚手段，對方以結婚爲由，玷汚女孩子，在刑法上並不能構成詐欺罪，而只能在民事上請求賠償，但本案牽涉到錢財的詐騙，這種類型的騙婚，可以申請追究刑事上的責任，所以F小姐可以對N先生的詐欺罪狀，提出告訴。

可能N先生會說，「我當初眞的想和妳結婚，怎麼會是詐欺呢？」以這些話來否認自己的犯罪行爲。根據事情前後的調查，卽使再怎樣解釋，也無法逃脫他的罪行，所以F小姐要堅持立場，控訴到底，不必理會他的話。

如果N先生肯俯首認錯，願意攤還部分的金額，私下和解，還是行得通的。

勿輕信結婚的謊言

二十四歲的B小姐，在二年前結識公司裏的同事，二十九歲的N先生，一年前兩人以結婚爲由，發生了親密關係，直到半年前，N先生的態度突然變得很冷漠，最近竟提出「因個性不合」

而分手的要求。B小姐暗中調查的結果發現，N先生透過上司的介紹，正和一位富家小姐商談結婚的計劃。

B小姐爲了和N先生結婚，曾爲他墮胎而耐心等待兩人的結合，當她知道這件事後，心有未甘，於是決心要控告N先生，追求刑事責任。

她想報告N先生的上司，或向董事會哭訴。有的女孩子甚至想和他結婚，這種做法太過意氣用事，卽使結婚，對兩人來講都不幸，而且嫁給一位旣不誠實又不愛妳的丈夫，以後的婚姻生活會有更多的波折。如果只是想「整整他，增加他的麻煩」，這樣做旣不高明，又彼此傷害，何苦來哉呢？

還是引用正當途徑，讓法律來追查他的刑責比較有利，N先生犯有惡性不履行婚約的罪嫌，B小姐可以對方不遵守婚約要求賠償，金額可高達五十到六十萬台幣，亦不足爲過。

如果N先生拒絕賠償，B小姐可以請辯護律師替她上訴，法官自然不會草率判案，事情公開後，再也沒有人敢嫁給他了，因此他會不惜向人貸款，付淸債務，以免名譽掃地。

對騙婚詐財的處理

二十一歲的A小姐到台北工作，在某次郊遊時認識了B先生，二個月後B先生向她求婚，得到首肯後，兩人進入親密的關係。

半年後，B先生一直沒提過結婚的事，她覺得奇怪。在一次很偶然的情況下，偷聽到B先生和朋友的談話，簡直快氣瘋了。

「B先生，你和A小姐的事打算怎麼處理？」

「什麼，我只不過是和她玩玩而已，到應召站的費用太高了，我付不起。」

這就是兩人的談話，B小姐第一次戀愛就受騙，雖然自己也有錯，但她恨得咬牙切齒，決心要控告B先生。

遇到這種情況，有的小姐會以不履行婚約為由，提出告訴，此乃法律常識不夠才會有這種想法。

控告對方不履行婚約，須在法律承認這個婚約的前題下才能成立，最初B先生並無意結婚，全是A小姐一廂情願，所以這個結婚約定不生效，因此A小姐不能向B先生追究責任。

但是B先生當初就沒有打算和A小姐結婚，却以言辭欺騙她，讓對方信以爲眞，而甘心奉獻自己，這種行爲在民法上犯了詐欺貞操侵害罪，B小姐可以此向B先生要求賠償。

問題是，到底能要求對方賠償多少的安家費呢？B先生惡意欺騙了對方的貞操，造成女方在精神上受到嚴重的打擊，肉體上亦受到傷害，要求五、六十萬的安家費是理所當然的。

因此A小姐可以透過律師向對方要求賠償，對方要是有錢的話，一百萬的金額也不算高，要是對方只是個無業遊民，一無所有，當然不可能有結果，只好自認倒楣，「上一次當學一次乖」了。

沒有履行「離婚後結婚」的約定

R小姐和公司的上司M先生保持很密切的關係已有三年的時間了。她之所以會這麼做是因爲M先生一再保證，「要和妻子離婚後再娶她」。

M先生的確向太太提出離婚的要求，遭到拒絕，所以一直拖到現在，最近太太發現了先生和

R小姐交往的關係，打電話威脅R小姐和先生斷絕關係，R小姐不得已只好辭職，搬到別的地方去，避免他太太的干擾。

R小姐感到惶恐不安，而不知所措，這個問題最近也常發生，照目前的情形來看，如果繼續和M先生保持關係，將會對R小姐很不利。

R小姐當初以為M先生會與妻子協議離婚，再和自己結婚，而M也一再向她保證，她無意侵害妻子的權利，罪也比較輕，但知道不可能離婚，太太也要求她和先生斷絕來往後，仍和M先生保持密切的來往，就是侵犯了髮妻的權利。她和其他的小老婆一樣，完全沒有法律的保障，隨時隨地都會被提出控告。

那麼R小姐是否可以向法院追究M先生的責任呢？這是很不可能的事，M先生雖然曾答應她要離婚，但是太太堅決反對，所以無法達成離婚協議，R小姐應該可以料想得到會有這種後果。明知M先生是有婦之夫，又和他來往甚密，錯在於R小姐本人。

男人實施計劃時，失敗是常有的事，在這種情況最好的解決方法是知難而退，且要考慮使傷害或損失減少到最低的限度，M先生可以帶著太太和R小姐一起商談，如何彌補這一切的過失，或許要求些安家費也是可以的。

處理以「離婚娶妳」為由的騙子

「我一定不會放過你！」

T小姐氣得咬牙切齒，心中不斷地吶喊，二十六歲那年在餐廳打工時，結識了Y先生，他是店裏的常客，看中了新來的T小姐，半年後，兩人雙雙墜入愛河，有了很深的關係，Y先生常向她抱怨與妻子間的不融洽，還打算和太太離婚，然後娶她爲妻。

一年半前T小姐曾爲他墮過胎，因爲Y先生不願意讓她挺著大肚子結婚。事後，她不斷催促Y，Y總以「正在努力說服太太答應離婚」爲由來搪塞她。有一天T發現Y和一位茶室小姐講悄悄話：

「那麼你和常打電話到公司的T小姐打算怎麼辦？」

「我和她事先就講好了，只是玩玩而已，妳就不同了，和她相比，妳是鑽石，她只不過是一粒細沙……」

T小姐剛好聽到這段對話，前面已提過，法律對妻子以外的情人並沒有給予任何的保障，不過本案相當特殊，Y先生爲了得到T小姐的身體，信口開河講出「願意離婚娶她」的誓言來欺騙對方，法院將會給予受害者一個公道。

Y先生犯了詐欺部分中侵害貞操的罪嫌，R小姐可以以此爲理由向他要求賠償。另外R小姐明知對方是有婦之夫，又和他在一起，在這點上，法官會同情她的遭遇，予以酌情處理，但不會讓她負擔對被告妻子的刑事責任。

R小姐可以放心大膽請律師向法院交涉，控制Y先生這種惡行，爲了避免公堂上對簿，顏面不好看，卽使借錢也得還淸所要求的賠償，給他一點懲罰，才不會有更多人受害。

未婚媽媽的控訴

「太過分了，一年前你說要結婚，結果孩子生下後，你又反悔了……」

K小姐流著眼淚向M先生提出嚴重的抗議。

K小姐二年前和公司的顧客M先生認識，由於工作的緣故，兩人關係愈來愈密切，一年前她懷了身孕，而M也同意結婚，所以她決定將孩子生下來。

「眞的很抱歉，經過我愼重考慮的結果，認爲我們彼此個性不合，婚姻又是幾十年的事，因此還是趁早……」

「孩子怎麼辦呢？」

「我會給妳贍養費，孩子讓妳照顧吧！」

「你怎麼能這麼任性呢？」

「但是我現在不想和妳結婚，請原諒我吧！」

M先生鄭重提出宣告。

很明顯的，這兩人的婚約關係已經生效，但是M先生堅持不願結婚，K小姐也拿他沒辦法，他這種行爲已觸犯了違背婚約的刑法，以K小姐的立場，可以向他要求三十到四十萬不等的贍養費。

其次，對孩子的問題，K小姐必須要求M先生在戶籍上承認自己是孩子的父親，也就是完成認領的手續，如果M先生拒絕時，可以向法院提出控訴，M先生因自己理虧，且上法庭也不是件好事，所以會承認。

完成認領的手續後，孩子的戶籍上的父親欄會明白的記載M先生的姓名，不但K小姐可以向他要求孩子的贍養費，萬一父親有何三長兩短，孩子也可以順理成章繼承父親的遺產。

如此一來，K小姐負起了母親的責任，完成孩子的認領手續，今後生活也會有保障，即使M先生無法一次付清母子的贍養費，也可以用分期付款的方式來攤還。

否認親生骨肉

「A先生應該知道這孩子是他的親生骨肉，可是……」

二十三歲的D小姐含著眼淚，哭得像淚人兒似的。和A先生認識是兩年前的事，半年前二人便進入親密關係，A先生是薪水階級，D小姐是職業婦女。

九個月以前，D小姐懷孕，想生下孩子，A先生却主張墮胎，兩人因意見不合而起爭執，A先生宣稱，如果執意要生下孩子，那麼只好分手，D小姐却想，如果生下孩子，他不承認也不行，於是決定生下孩子。

孩子生下後，A先生並沒有改變態度，反而對她說：「我聽說妳和其他男人也很要好，這孩子是不是我的，很值得懷疑。」說完就離開了。

男人對某個女人玩膩了，就想甩掉她，如果有了孩子，比較不容易處理，當然不會同意有孩子，當孩子生下後，又想逃避當父親的責任，於是常說和A先生一樣的台詞。D小姐這種想法就是對男人不了解所造成的，對A先生而言，卽使不生孩子，不久後也打算遺棄她。

D小姐如果期待著A先生會看在孩子的份上，和她重修舊好，是不可能的事。但是孩子是無辜的，大人有責任好好處理這個問題。

首先D小姐須向戶政事務所申報孩子的戶口，雖然她堅持孩子的父親是A先生，因爲沒有得到承認，於是父親欄是空白的，也就是說父親不詳，如果想更正這種記載，一定得經過A先生的認領，承認自己是孩子的父親才生效。

當然，A先生會拒絕，這時民法規定，可以強制他執行認領的手續。A先生也知道如果提出控訴的話，自己一定會敗訴，因此會趁早履行責任，B小姐也可以向他要求贍養費。

男人否定「婚約」時

H小姐在半年前和公司的Y先生有過結婚的約定，二人於是進入親密關係，最近Y先生的態度突然變得很冷漠，H小姐覺得不安，而問起何時結婚，結果對方却否定了婚約關係而回答：「我並沒有說過要結婚，我們只不過玩玩而已。」

他們兩人並沒有正式訂婚，只有口頭上的約定，H小姐若想以此爲證據，要求對方履行婚約，在法律上並不生效。法律對婚約的解釋是：「兩人有正式的訂婚儀式，或者只是口頭上的約定，就能成立，不過這種約定必須在男女雙方誠心誠意的情況下才可以。」

H小姐和Y先生口頭上的婚約如果是出自內心，只要她提出證人，證明Y先生曾經有過這樣的承諾，到了公堂對質時，可能會因為法庭嚴肅的氣氛，或者作賊心虛，而立刻承認婚約關係。

不過就算H小姐能證明婚約的成立，也不能強制Y先生和她結婚，只能要求對方付安家費，倘若他不答應，便可請律師代為交涉。

婚後發現丈夫重婚

H小姐和W先生在親友的祝賀下，雙雙步入紅氈的那一端，度過了新婚旅行後，現在住在一棟公寓裏。半年後有一位自稱是W太太的S女士來找她，三人面對面，開誠佈公談論的結果，發現原來S女士是W先生的原配，在鄉下還育有一子，因為相信W對她的諾言：「只要我賺了錢就回鄉下，或是接妳們到城裏來。」一直等了三年全無音訊，直到現在才得知原來先生已另結新歡了。

「你對我的事應該怎麼辦？」

W先生只有低聲下氣地求她原諒。

最近這種案件愈來愈多，這要歸咎H小姐的疏忽，女孩子一心想著婚禮如何進行，要穿那種衣服，到那裏度蜜月，而忽略了對照對方的戶籍。

根據法律規定，結婚典禮再愼重，沒有辦好戶籍手續，就不能承認婚姻關係。既然要結婚，就得重視戶籍的辦理，爲了辦理「入戶口」，一定要有雙方的戶籍謄本，也藉此機會辨認對方的身分，才不會發生像H小姐那樣的悲劇。

以下是處理這個案件的善後，以H小姐而言，如果繼續和W先生保持關係，等於是他的小老婆，只要他太太不同意離婚，她就永遠沒有保障，但是可以向W要求賠償。

在H小姐完全被蒙在鼓裏的情況下和W結婚，法律上會同情她的遭遇，准許辦理離婚，要求對方付贍養費，大約是五十到六十萬不等的金額，以金錢來彌補精神及肉體上的傷害，這種准用離婚方式在處理婚姻關係上，只有比較特殊的情形才可使用。

男人不履行婚前的諾言

「婚前說他有房子、車子，不與雙親住在一起，所以才和他結婚，結果發現房子是租來的，所謂的車子只是機車而已，雙親雖沒和我們住在一塊，他的弟妹們倒是跟來了，說什麼自己是課長，結果只是副課長而已，騙子，都是騙人的。」

二十四歲的R小姐，很激動地向母親哭訴著。

相親之後一切都進行得太快了，女方沒有時間做進一步的調查，而且全相信媒人所說的話，媒人也被騙了，當然不能埋怨媒人。

以目前R小姐的情形，要繼續保持婚姻關係，或者離婚都可以，但是離婚是否可以得到法律上的承認呢?法院曾接受過許多類似的案件，法官的判決是：「結婚是人與人之間的聯絡，並不因爲金錢地位或財產的緣故才履行婚約，媒人所說的話也是希望能撮合一對姻緣，這樣的事情並不能構成離婚的理由。」因此駁回妻子離婚的控訴。

而且對R小姐而言，丈夫事先的聲明並沒有胡說，房子、車子、不和雙親住都是事實，而副課長升爲課長也只是遲早的問題，因此R小姐誤會了，況且以對方撒謊，影響彼此的信任爲由提出離婚要求，法律是不會同意的。

如果不是醫生，跟對方說自己是醫生，不是法官說是法官，那才嚴重。到了這種程度，就犯有詐欺的罪嫌了，可能可以成爲離婚的理由，同理，如果男方強調，非處女不娶，而對方婚前立卽去做處女膜整型，那麼這個女人的行爲已觸犯詐欺之刑法，要是對方根本沒強調，而女方不是處女，在法律上亦不能以此爲離婚的理由。

婚後發現丈夫再婚

「我太疏忽了，爲何婚前沒有查他的戶籍呢？」Y小姐很後悔地說，她九個月前和三十二歲的H先生結婚，因爲Y太注意婚禮的儀式及蜜月旅行的安排，戶口的事全交給H先生辦理了。婚後一切都穩定下來，忙碌也告一段落，母親突然臉色蒼白，急急忙忙地跑來說：

「我去申請戶籍謄本時，發現H先生再婚。」

「什麼，怎麼可能？」

Y也很吃驚，看到自己的戶籍謄本，才知道他在三年前結婚，一年前離婚。當天晚上，她和母親兩人包圍著H興師問罪，但H卻很平靜地回答：

「妳當時並沒有問我，所以我也不好意思開口說明，不過這也沒關係啊！」

對H之回答，讓Y啞口無言，像這樣的情形，Y應該怎樣處理呢？

「既然他已辦了離婚手續才娶妳，你們不如就維持原樣吧！」

這是Y小姐母親的見地，但她始終無法再信任H先生了。

「如果可能，還是離婚的好，只是不知道能不能辦得成？」

如果一開始H先生對Y小姐表示自己是第一次結婚，那麼女方可以控告男方詐欺，而提出離婚的要求。可是事情並不是這樣，H先生並沒有欺騙對方的意思，只是沒說明再婚的事。以他的立場，只要是態度誠懇，卽使Y小姐沒問他，也該事先表白再婚的事，他這麼做使得Y小姐不再信任他，若女方堅持提出離婚的要求，就算H不答應，法院也有可能會通過。

訂婚後再婚

「什麼？妳是B的太太，我被騙了，他和我有三年的交往，還說要娶我，結果一直拖到現在，原來是和別人結婚了，和妳結婚這三個月，他都沒和我聯絡，我絕不原諒他，我一定要告他……」

這個女人留下這段話就離開了。

Ａ小姐三個月前和Ｂ先生結婚，他們是相親後才認識的，因此交往時間很短，而沒有調查他的底細，當然這段時間他並沒有任何異樣，所以Ａ小姐就給蒙在鼓裏了。

當晚，Ａ小姐責問Ｂ先生的結果，了解那個女人所說的話全是事實，從此不再信任對方，也愈來愈討厭他，最後決定離婚，但是只因爲他以前有過要好的女朋友，是否能構成離婚的理由呢？

的確，婚前與人發生關係，並不能構成離婚，但是Ｂ先生和另一個女人有婚約關係，不但沒對Ａ小姐提過，同時還和兩人保持親密關係，最不可原諒的是竟然又和Ａ結婚，對兩個女人都是嚴重的傷害。

這種行爲相當惡劣，Ａ可以向法院提出控訴，即使Ｂ反對，離婚照准。另外前面那位女友也可以控告他不履行婚約，兩位受害者都可向他要求贍養費。

丈夫是同性戀者

「我受不了了，看到丈夫那種行爲，眞令人作噁，以後不再讓他抱我了。」

C小姐心有餘悸地說。婚後半年，她發現丈夫的行踪可疑，行爲也很反常，他很年輕，但夫妻行房的次數却很少，好像在應付對方。有一次她原本預定在娘家多住幾天，因爲想到有件事還沒處理，於是提早回家，在自己的臥室裏看到兩個男人相互擁抱著，起先C不敢相信自己的眼睛，靜靜觀察後才知道，原來丈夫是同性戀者。

和現在的丈夫是媒妁之言而結合的，相親後對他印象很好，當時有點懷疑，爲什麽到了三十二歲還是單身，經過半年的交往，發覺他很斯文，於是同意結婚，沒想到……

最近同性戀的情形愈來愈多，如果是完全性的同性戀，對女人完全不予理會，當然不會有這種悲劇產生，然而有的却想一箭雙鵰，除非有人發現，要不然也沒人知道。

C小姐是否能以丈夫是同性戀者的理由，要求與對方離婚呢?答案是否定的，但是同性戀的性行爲如果影響到夫妻的性生活，也就是說先生性無能，無法滿足太太的需要，太太可以「性關係破裂」爲由，要求離婚。

但是先生的性能力並沒有問題，只是太太無法接受對方同性戀的事實，而產生了厭惡感，對這點丈夫不能怪誰，只要C小姐說：「我無法忍受！」還是可以提出離婚的要求。要是太太能認爲，同性戀比到外面拈花惹草要強得多，問題就不存在了。

丈夫性無能

F小姐無法再忍耐了，三十歲的丈夫G先生想盡辦法使自己興奮，把自己的臉貼在F小姐的大腿中間，用手指和舌頭撫弄對方，最後以尷尬的表情看著F小姐的裸體，失望地說：「我還是不行……」

「你明知道還和我結婚？」

「我知道，可是我眞的很喜歡妳，因此想說『和喜歡的妳在一起應該會……』，可是……。」

G先生跪在脚邊向她道歉，這是蜜月旅行所發生的事，F小姐心想「或許過段時間可以治好他的性無能」，F小姐耐心地期待著，日子一天天過去，結果還是令人失望，而且情形愈來愈嚴重。

F小姐因無法忍受這樣的夫妻生活，於是下決心提出離婚的要求，但是丈夫再三央求。「如果一旦離婚，別人一定會講閒話，怕面子掛不住」，雖然丈夫的話很有道理，不過F小姐還是無法接受。

由於都市的生活十分緊張，整天的精神都像是進入備戰狀態一樣，崩得緊緊的，這種情形造成許多年輕男人有陽萎的現象。如果婚前沒有性經驗的人，絕無法想像性無能的痛苦，及可能產生的後果，想藉著愛撫使其恢復更是難上加難。

法院處理這種情形時，會同情F小姐的立場，而同意雙方離婚，且男方得付賠償費，但一定得經過醫師檢查，取得證明後，才能通過法院的判決。

丈夫有變態性行為

「眞受不了！」

B小姐送丈夫出門後，暗自嘆息。一年前他們透過媒人的介紹而認識，經過半年的交往，兩人携手步入紅氈的那一端，男方的身世相當好，又是一流大學畢業，目前在一家頗具規模的公司服務，他們的婚姻羨煞了許多人。

丈夫有變態性行爲是最近三個月的事，起初還能忍受，最近情形愈來愈嚴重，鞭子、灌腸、束褲、繩子樣樣來，B小姐終於忍不住，大聲哀叫拒絕行房，沒想到這種舉動反而使丈夫更加興奮，以後更是變本加厲。

B小姐逃回娘家向雙親哭訴，雙親認爲男方家世不凡，又有教養，不可能會做出這種事。在忍無可忍的情況下，B小姐決心和他離婚，但是S先生會答應嗎？

十年前最高法院曾提出，「性生活對夫妻而言，佔了相當重要的部分，如果發生問題時，可以提議離婚，以保障夫妻生活」的判決，根據這個條款，B小姐可以放心大膽地向法院提出控訴，因爲丈夫變態性行爲很明顯地影響了夫妻生活，而且還以武力強暴妻子，違反法律規定，因此即使S先生不答應，離婚仍然照准，而且女方可以向他要求贍養費，處理時還是委託律師辦理較恰當。

有件事在此得向讀者說明，有些人因性關係不合，例如「太大」、「太小」，或「情況不配合」，就提出離婚，在法律上無法通過這種請求，法律只承認因上述情形而造成神經衰弱或性無能的案例。

丈夫是流氓

「我該怎麼辦？」

F小姐等W先生出去後，躲在房間裏自言自語。和他是半個月前在一家小酒吧中認識的，他的外表冷漠、木訥，衣著瀟洒大方，態度溫文有禮，令人不知不覺地愛上了他，由於她初出社會，涉世未深，加上W先生殷勤地追求，於是兩人發展神速。有一天晚上他向F小姐說：「想更進一步了解妳的生活情形」，她以爲這是求婚的暗示，於是帶他到公寓去，兩人在灯光柔和、羅曼蒂克的氣氛下，發生了關係，從此後W先生的態度三百六十度大轉變，不管她是否同意，先以武力強暴，接著以冷漠無情的口吻對她說：「妳現在已是我的人了，想逃走沒那麼容易，我手下的弟兄不少，隨時可以抓妳回來，最好安分點。爲了得到妳，花了不少錢，從今天開始，妳要加倍還給我，哈哈哈……」

像這種情形，最直接的方法就是立刻向附近的警察局報案，不過W先生很可能會裝傻，否認事實，以愛她而不願讓她離開自己爲理由來打發警察，因爲沒有確實的罪證，警察對他也莫可奈何，換來的只是一頓毒打，更加嚴禁地看守她而已。

F小姐應該趁他還沒有戒心之前趕快逃走，逃到鄉下或是更遠的城鎮，讓他找不到，至於行李，以後再請警察來清理就可以了。

像這種情形，有人會天眞地想應用巧妙方法和他斷絕關係，結果反而使事情更加複雜，而不容易脫身。

遭受強暴的自處之道

二十二歲的M小姐失魂落魄，一步一步地走回家，每次出門，母親總是一再叮嚀「這附近不安全，要早點回家」，今天由於參加一個歡送會，所以延遲到十點多才回家。一路上發現有人跟踪她，正想採取措施時，就被一把抱住，拖往路邊的草叢裏了，因對方力大無窮，即使再怎樣掙扎也沒有用，歹徒得逞後還威脅她，「別張揚出去，否則事情一公開就嫁不出去了。」

「我該怎麼辦？」M小姐傻傻地喃喃自語。

像這種情形，M小姐應該先到附近的醫院檢查，有否受到病菌的感染，且要預防懷孕，並要求醫生出據證明，對以上這三件事，因爲醫師有保密的責任與義務，所以事情不會公開。

然後向警察局報案，強姦是重罪，警方一定會努力追捕嫌犯，只是到時候M小姐得出庭作證，接受審問，事情可能會因此公開，對她可能會造成精神上的痛苦與傷害，不過法律是公平的，爲了伸張公理、正義，M小姐還是要提起勇氣和決心，幫助警方以懲治不法份子。

強姦犯如果有財產，可以委託律師交涉，要求遮羞費，受害者雖然無法得到百分之百的彌補，至少可以獲得些許金錢的補償。要是害怕事情公開，而不敢向警方報案，不但白白地損失應得的補償，而且讓歹徒逍遙法外，更加猖獗，將會有更多的少女受害。

家事法庭的應用

年輕人或許會認爲「家事法庭」與我何干，但是如果男女之間有了糾紛，或者父子、子女、兄弟姊妹間有了問題，一定得透過家事法庭的調停才能擺平糾紛，而家事法庭也就是專門處理這些問題的機構。

請家事法庭幫忙的手續相當簡單，只要向服務人員洽詢，即使不懂法律的人，也能得心應手地解決問題，既不用委託專家，費用又不高，何樂而不爲呢？

如果女孩子受騙了，以責罵的方式對方是不會理會的，這時應該到家事法庭求救，就算對方不負責，一到了這裏，受到專員的勸解，雖說不一定會承認自己的過失，至少也會答應賠償。

請求家事法庭出面調停，一定得雙方同意才可以，這時候法庭會明確告訴某一方，是否能提出某種要求，應該怎麼做，萬一對方拒絕，可以用何種方式來追究對方的責任等等，但是在訴說自己的遭遇時，應該長話短說，重點式地發言，最好事先加以整理記載下來，好讓辦案人員更方便處理。

如何聘用律師

受騙的人往往會懷恨對方，以私人了斷的方式報復對方，結果反而招來牢獄之災。現在是法治的時代，使用法律當為報復的工具才是正當的途徑。

但是一般人並不懂法律，如何正確有效地應用呢？前面已提過，求援於家事法庭是一種方法，如果是以一般的法院來追究對方的責任，就得委託律師了，以下將說明雇用律師的方法：

1. 如果認識的親戚朋友中，沒有人當律師的話，可以請朋友介紹，才不會讓人感到冒昧。
2. 理由要事先整理摘錄下來，因為律師的談話費太高了，如果遞上狀紙，既可節省金錢，又可以一目了然。
3. 準備所有可能會用上的證據及文件，以免臨時來回兩頭跑。

4. 要長話短說，抓住重點，如果律師中途要妳停止發言，也別生氣地認爲他的態度不親切，很可能是妳的話有些離題了。

5. 與律師談話並不一定就要委託他，只要向他請教，付點談話費還是可以的。

6. 信任所委託的律師，讓他全權處理，每一位律師爲了要勝訴，一定會盡全力去辦理。

付不起律師費時

「想請律師幫忙，可是沒有錢，怎麼辦呢？」

別因此放棄這個念頭。一般付律師費的方式分爲「前謝」和「後謝」兩種，委託律師處理案件，先預付定金是一般較通用的方法，但也不是絕對性的。另一種方法是勝訴後，從取得的賠償中扣除，不過這種方式可能費用較高，而且律師得有絕對勝訴的把握，才敢這麼做。

另外還有「義務律師工會」分散在全省各地，其目的是爲幫助有勝訴希望，但沒有錢請律師的人所設立的，遇到有金錢困難時，只要請求他們幫忙，他們會立刻介紹律師爲你辯護，且先代墊律師費，在委託人得到賠償時，再從中扣除。

如果只是簡單的請教，可以到全國的法院、律師公會及各大學的法學院去，他們會爲你做免費的服務，即使不是免費，費用也比較低。

牽涉到法律的糾紛和生病是一樣的，得儘早處理才不致因延誤而導至不可收拾的地步。

如前述一般，爲求專家意見，全國各地都有免費的服務，不須勞民傷財，便可順利進行，而且利用義務律師工會，不須花一毛錢，被害者經判決之後就能得到補償。

大展出版社有限公司 圖書目錄

地址：台北市北投區(石牌)
致遠一路二段 12 巷 1 號
郵撥：0166955～1

電話：(02)28236031
28236033
傳真：(02)28272069

・法律專欄連載・電腦編號 58

台大法學院　　法律學系／策劃
法律服務社／編著

1. 別讓您的權利睡著了 1　200 元
2. 別讓您的權利睡著了 2　200 元

・秘傳占卜系列・電腦編號 14

1. 手相術　淺野八郎著　180 元
2. 人相術　淺野八郎著　180 元
3. 西洋占星術　淺野八郎著　180 元
4. 中國神奇占卜　淺野八郎著　150 元
5. 夢判斷　淺野八郎著　150 元
6. 前世、來世占卜　淺野八郎著　150 元
7. 法國式血型學　淺野八郎著　150 元
8. 靈感、符咒學　淺野八郎著　150 元
9. 紙牌占卜學　淺野八郎著　150 元
10. ESP 超能力占卜　淺野八郎著　150 元
11. 猶太數的秘術　淺野八郎著　150 元
12. 新心理測驗　淺野八郎著　160 元
13. 塔羅牌預言秘法　淺野八郎著　200 元

・趣味心理講座・電腦編號 15

1. 性格測驗① 探索男與女　淺野八郎著　140 元
2. 性格測驗② 透視人心奧秘　淺野八郎著　140 元
3. 性格測驗③ 發現陌生的自己　淺野八郎著　140 元
4. 性格測驗④ 發現你的真面目　淺野八郎著　140 元
5. 性格測驗⑤ 讓你們吃驚　淺野八郎著　140 元
6. 性格測驗⑥ 洞穿心理盲點　淺野八郎著　140 元
7. 性格測驗⑦ 探索對方心理　淺野八郎著　140 元
8. 性格測驗⑧ 由吃認識自己　淺野八郎著　160 元
9. 性格測驗⑨ 戀愛知多少　淺野八郎著　160 元
10. 性格測驗⑩ 由裝扮瞭解人心　淺野八郎著　160 元

11. 性格測驗⑪ 敲開內心玄機　淺野八郎著　140元
12. 性格測驗⑫ 透視你的未來　淺野八郎著　160元
13. 血型與你的一生　淺野八郎著　160元
14. 趣味推理遊戲　淺野八郎著　160元
15. 行為語言解析　淺野八郎著　160元

・婦幼天地・電腦編號 16

1. 八萬人減肥成果　黃靜香譯　180元
2. 三分鐘減肥體操　楊鴻儒譯　150元
3. 窈窕淑女美髮秘訣　柯素娥譯　130元
4. 使妳更迷人　成　玉譯　130元
5. 女性的更年期　官舒妍編譯　160元
6. 胎內育兒法　李玉瓊編譯　150元
7. 早產兒袋鼠式護理　唐岱蘭譯　200元
8. 初次懷孕與生產　婦幼天地編譯組　180元
9. 初次育兒 12 個月　婦幼天地編譯組　180元
10. 斷乳食與幼兒食　婦幼天地編譯組　180元
11. 培養幼兒能力與性向　婦幼天地編譯組　180元
12. 培養幼兒創造力的玩具與遊戲　婦幼天地編譯組　180元
13. 幼兒的症狀與疾病　婦幼天地編譯組　180元
14. 腿部苗條健美法　婦幼天地編譯組　180元
15. 女性腰痛別忽視　婦幼天地編譯組　150元
16. 舒展身心體操術　李玉瓊編譯　130元
17. 三分鐘臉部體操　趙薇妮著　160元
18. 生動的笑容表情術　趙薇妮著　160元
19. 心曠神怡減肥法　川津祐介著　130元
20. 內衣使妳更美麗　陳玄茹譯　130元
21. 瑜伽美姿美容　黃靜香編著　180元
22. 高雅女性裝扮學　陳珮玲譯　180元
23. 蠶糞肌膚美顏法　坂梨秀子著　160元
24. 認識妳的身體　李玉瓊譯　160元
25. 產後恢復苗條體態　居理安・芙萊喬著　200元
26. 正確護髮美容法　山崎伊久江著　180元
27. 安琪拉美姿養生學　安琪拉蘭斯博瑞著　180元
28. 女體性醫學剖析　增田豐著　220元
29. 懷孕與生產剖析　岡部綾子著　180元
30. 斷奶後的健康育兒　東城百合子著　220元
31. 引出孩子幹勁的責罵藝術　多湖輝著　170元
32. 培養孩子獨立的藝術　多湖輝著　170元
33. 子宮肌瘤與卵巢囊腫　陳秀琳編著　180元
34. 下半身減肥法　納他夏・史達賓著　180元
35. 女性自然美容法　吳雅菁編著　180元
36. 再也不發胖　池園悅太郎著　170元

37. 生男生女控制術　中垣勝裕著　220元
38. 使妳的肌膚更亮麗　楊 皓編著　170元
39. 臉部輪廓變美　芝崎義夫著　180元
40. 斑點、皺紋自己治療　高須克彌著　180元
41. 面皰自己治療　伊藤雄康著　180元
42. 隨心所欲瘦身冥想法　原久子著　180元
43. 胎兒革命　鈴木丈織著　180元
44. NS磁氣平衡法塑造窈窕奇蹟　古屋和江著　180元
45. 享瘦從腳開始　山田陽子著　180元
46. 小改變瘦4公斤　宮本裕子著　180元
47. 軟管減肥瘦身　高橋輝男著　180元
48. 海藻精神秘美容法　劉名揚編著　180元
49. 肌膚保養與脫毛　鈴木真理著　180元
50. 10天減肥3公斤　彤雲編輯組　180元
51. 穿出自己的品味　西村玲子著　280元
52. 小孩髮型設計　李芳黛譯　250元

・青春天地・電腦編號17

1. A血型與星座　柯素娥編譯　160元
2. B血型與星座　柯素娥編譯　160元
3. O血型與星座　柯素娥編譯　160元
4. AB血型與星座　柯素娥編譯　120元
5. 青春期性教室　呂貴嵐編譯　130元
7. 難解數學破題　宋釗宜編譯　130元
9. 小論文寫作秘訣　林顯茂編譯　120元
11. 中學生野外遊戲　熊谷康編著　120元
12. 恐怖極短篇　柯素娥編譯　130元
13. 恐怖夜話　小毛驢編譯　130元
14. 恐怖幽默短篇　小毛驢編譯　120元
15. 黑色幽默短篇　小毛驢編譯　120元
16. 靈異怪談　小毛驢編譯　130元
17. 錯覺遊戲　小毛驢編著　130元
18. 整人遊戲　小毛驢編著　150元
19. 有趣的超常識　柯素娥編譯　130元
20. 哦！原來如此　林慶旺編譯　130元
21. 趣味競賽100種　劉名揚編譯　120元
22. 數學謎題入門　宋釗宜編譯　150元
23. 數學謎題解析　宋釗宜編譯　150元
24. 透視男女心理　林慶旺編譯　120元
25. 少女情懷的自白　李桂蘭編譯　120元
26. 由兄弟姊妹看命運　李玉瓊編譯　130元
27. 趣味的科學魔術　林慶旺編譯　150元
28. 趣味的心理實驗室　李燕玲編譯　150元

29. 愛與性心理測驗　小毛驢編譯　130元
30. 刑案推理解謎　小毛驢編譯　180元
31. 偵探常識推理　小毛驢編譯　180元
32. 偵探常識解謎　小毛驢編譯　130元
33. 偵探推理遊戲　小毛驢編譯　130元
34. 趣味的超魔術　廖玉山編著　150元
35. 趣味的珍奇發明　柯素娥編著　150元
36. 登山用具與技巧　陳瑞菊編著　150元
37. 性的漫談　蘇燕謀編著　180元
38. 無的漫談　蘇燕謀編著　180元
39. 黑色漫談　蘇燕謀編著　180元
40. 白色漫談　蘇燕謀編著　180元

・健康天地・電腦編號 18

1. 壓力的預防與治療　柯素娥編譯　130元
2. 超科學氣的魔力　柯素娥編譯　130元
3. 尿療法治病的神奇　中尾良一著　130元
4. 鐵證如山的尿療法奇蹟　廖玉山譯　120元
5. 一日斷食健康法　葉慈容編譯　150元
6. 胃部強健法　陳炳崑譯　120元
7. 癌症早期檢查法　廖松濤譯　160元
8. 老人痴呆症防止法　柯素娥編譯　130元
9. 松葉汁健康飲料　陳麗芬編譯　130元
10. 揉肚臍健康法　永井秋夫著　150元
11. 過勞死、猝死的預防　卓秀貞編譯　130元
12. 高血壓治療與飲食　藤山順豐著　180元
13. 老人看護指南　柯素娥編譯　150元
14. 美容外科淺談　楊啟宏著　150元
15. 美容外科新境界　楊啟宏著　150元
16. 鹽是天然的醫生　西英司郎著　140元
17. 年輕十歲不是夢　梁瑞麟譯　200元
18. 茶料理治百病　桑野和民著　180元
19. 綠茶治病寶典　桑野和民著　150元
20. 杜仲茶養顏減肥法　西田博著　150元
21. 蜂膠驚人療效　瀨長良三郎著　180元
22. 蜂膠治百病　瀨長良三郎著　180元
23. 醫藥與生活㈠　鄭炳全著　180元
24. 鈣長生寶典　落合敏著　180元
25. 大蒜長生寶典　木下繁太郎著　160元
26. 居家自我健康檢查　石川恭三著　160元
27. 永恆的健康人生　李秀鈴譯　200元
28. 大豆卵磷脂長生寶典　劉雪卿譯　150元
29. 芳香療法　梁艾琳譯　160元

30. 醋長生寶典　柯素娥譯　180 元
31. 從星座透視健康　席拉・吉蒂斯著　180 元
32. 愉悅自在保健學　野本二士夫著　160 元
33. 裸睡健康法　丸山淳士等著　160 元
34. 糖尿病預防與治療　藤田順豐著　180 元
35. 維他命長生寶典　菅原明子著　180 元
36. 維他命 C 新效果　鐘文訓編　150 元
37. 手、腳病理按摩　堤芳朗著　160 元
38. AIDS 瞭解與預防　彼得塔歇爾著　180 元
39. 甲殼質殼聚糖健康法　沈永嘉譯　160 元
40. 神經痛預防與治療　木下真男著　160 元
41. 室內身體鍛鍊法　陳炳崑編著　160 元
42. 吃出健康藥膳　劉大器編著　180 元
43. 自我指壓術　蘇燕謀編著　160 元
44. 紅蘿蔔汁斷食療法　李玉瓊編著　150 元
45. 洗心術健康秘法　竺翠萍編譯　170 元
46. 枇杷葉健康療法　柯素娥編譯　180 元
47. 抗衰血癒　楊啟宏著　180 元
48. 與癌搏鬥記　逸見政孝著　180 元
49. 冬蟲夏草長生寶典　高橋義博著　170 元
50. 痔瘡・大腸疾病先端療法　宮島伸宜著　180 元
51. 膠布治癒頑固慢性病　加瀨建造著　180 元
52. 芝麻神奇健康法　小林貞作著　170 元
53. 香煙能防止癡呆？　高田明和著　180 元
54. 穀菜食治癌療法　佐藤成志著　180 元
55. 貼藥健康法　松原英多著　180 元
56. 克服癌症調和道呼吸法　帶津良一著　180 元
57. B 型肝炎預防與治療　野村喜重郎著　180 元
58. 青春永駐養生導引術　早島正雄著　180 元
59. 改變呼吸法創造健康　原久子著　180 元
60. 荷爾蒙平衡養生秘訣　出村博著　180 元
61. 水美肌健康法　井戶勝富著　170 元
62. 認識食物掌握健康　廖梅珠編著　170 元
63. 痛風劇痛消除法　鈴木吉彥著　180 元
64. 酸莖菌驚人療效　上田明彥著　180 元
65. 大豆卵磷脂治現代病　神津健一著　200 元
66. 時辰療法—危險時刻凌晨 4 時　呂建強等著　180 元
67. 自然治癒力提升法　帶津良一著　180 元
68. 巧妙的氣保健法　藤平墨子著　180 元
69. 治癒 C 型肝炎　熊田博光著　180 元
70. 肝臟病預防與治療　劉名揚編著　180 元
71. 腰痛平衡療法　荒井政信著　180 元
72. 根治多汗症、狐臭　稻葉益巳著　220 元
73. 40 歲以後的骨質疏鬆症　沈永嘉譯　180 元

74. 認識中藥　松下一成著　180 元
75. 認識氣的科學　佐佐木茂美著　180 元
76. 我戰勝了癌症　安田伸著　180 元
77. 斑點是身心的危險信號　中野進著　180 元
78. 艾波拉病毒大震撼　玉川重德著　180 元
79. 重新還我黑髮　桑名隆一郎著　180 元
80. 身體節律與健康　林博史著　180 元
81. 生薑治萬病　石原結實著　180 元
82. 靈芝治百病　陳瑞東著　180 元
83. 木炭驚人的威力　大槻彰著　200 元
84. 認識活性氧　井土貴司著　180 元
85. 深海鮫治百病　廖玉山編著　180 元
86. 神奇的蜂王乳　井上丹治著　180 元
87. 卡拉 OK 健腦法　東潔著　180 元
88. 卡拉 OK 健康法　福田伴男著　180 元
89. 醫藥與生活㈡　鄭炳全著　200 元
90. 洋蔥治百病　宮尾興平著　180 元
91. 年輕 10 歲快步健康法　石塚忠雄著　180 元
92. 石榴的驚人神效　岡本順子著　180 元
93. 飲料健康法　白鳥早奈英著　180 元
94. 健康棒體操　劉名揚編譯　180 元
95. 催眠健康法　蕭京凌編著　180 元
96. 鬱金（美王）治百病　水野修一著　180 元

・實用女性學講座・電腦編號 19

1. 解讀女性內心世界　島田一男著　150 元
2. 塑造成熟的女性　島田一男著　150 元
3. 女性整體裝扮學　黃靜香編著　180 元
4. 女性應對禮儀　黃靜香編著　180 元
5. 女性婚前必修　小野十傳著　200 元
6. 徹底瞭解女人　田口二州著　180 元
7. 拆穿女性謊言 88 招　島田一男著　200 元
8. 解讀女人心　島田一男著　200 元
9. 俘獲女性絕招　志賀貢著　200 元
10. 愛情的壓力解套　中村理英子著　200 元
11. 妳是人見人愛的女孩　廖松濤編著　200 元

・校園系列・電腦編號 20

1. 讀書集中術　多湖輝著　180 元
2. 應考的訣竅　多湖輝著　150 元
3. 輕鬆讀書贏得聯考　多湖輝著　150 元

4. 讀書記憶秘訣 多湖輝著 150元
5. 視力恢復！超速讀術 江錦雲譯 180元
6. 讀書36計 黃柏松編著 180元
7. 驚人的速讀術 鐘文訓編著 170元
8. 學生課業輔導良方 多湖輝著 180元
9. 超速讀超記憶法 廖松濤編著 180元
10. 速算解題技巧 宋釗宜編著 200元
11. 看圖學英文 陳炳崑編著 200元
12. 讓孩子最喜歡數學 沈永嘉譯 180元
13. 催眠記憶術 林碧清譯 180元
14. 催眠速讀術 林碧清譯 180元
15. 數學式思考學習法 劉淑錦譯 200元
16. 考試憑要領 劉孝暉著 180元
17. 事半功倍讀書法 王毅希著 200元
18. 超金榜題名術 陳蒼杰譯 200元

・實用心理學講座・電腦編號 21

1. 拆穿欺騙伎倆 多湖輝著 140元
2. 創造好構想 多湖輝著 140元
3. 面對面心理術 多湖輝著 160元
4. 偽裝心理術 多湖輝著 140元
5. 透視人性弱點 多湖輝著 140元
6. 自我表現術 多湖輝著 180元
7. 不可思議的人性心理 多湖輝著 180元
8. 催眠術入門 多湖輝著 150元
9. 責罵部屬的藝術 多湖輝著 150元
10. 精神力 多湖輝著 150元
11. 厚黑說服術 多湖輝著 150元
12. 集中力 多湖輝著 150元
13. 構想力 多湖輝著 150元
14. 深層心理術 多湖輝著 160元
15. 深層語言術 多湖輝著 160元
16. 深層說服術 多湖輝著 180元
17. 掌握潛在心理 多湖輝著 160元
18. 洞悉心理陷阱 多湖輝著 180元
19. 解讀金錢心理 多湖輝著 180元
20. 拆穿語言圈套 多湖輝著 180元
21. 語言的內心玄機 多湖輝著 180元
22. 積極力 多湖輝著 180元

・超現實心理講座・電腦編號 22

	書名	作者	定價
1.	超意識覺醒法	詹蔚芬編譯	130 元
2.	護摩秘法與人生	劉名揚編譯	130 元
3.	秘法！超級仙術入門	陸明譯	150 元
4.	給地球人的訊息	柯素娥編著	150 元
5.	密教的神通力	劉名揚編著	130 元
6.	神秘奇妙的世界	平川陽一著	200 元
7.	地球文明的超革命	吳秋嬌譯	200 元
8.	力量石的秘密	吳秋嬌譯	180 元
9.	超能力的靈異世界	馬小莉譯	200 元
10.	逃離地球毀滅的命運	吳秋嬌譯	200 元
11.	宇宙與地球終結之謎	南山宏著	200 元
12.	驚世奇功揭秘	傅起鳳著	200 元
13.	啟發身心潛力心象訓練法	栗田昌裕著	180 元
14.	仙道術遁甲法	高藤聰一郎著	220 元
15.	神通力的秘密	中岡俊哉著	180 元
16.	仙人成仙術	高藤聰一郎著	200 元
17.	仙道符咒氣功法	高藤聰一郎著	220 元
18.	仙道風水術尋龍法	高藤聰一郎著	200 元
19.	仙道奇蹟超幻像	高藤聰一郎著	200 元
20.	仙道鍊金術房中法	高藤聰一郎著	200 元
21.	奇蹟超醫療治癒難病	深野一幸著	220 元
22.	揭開月球的神秘力量	超科學研究會	180 元
23.	西藏密教奧義	高藤聰一郎著	250 元
24.	改變你的夢術入門	高藤聰一郎著	250 元
25.	21 世紀拯救地球超技術	深野一幸著	250 元

・養 生 保 健・電腦編號 23

	書名	作者	定價
1.	醫療養生氣功	黃孝寬著	250 元
2.	中國氣功圖譜	余功保著	250 元
3.	少林醫療氣功精粹	井玉蘭著	250 元
4.	龍形實用氣功	吳大才等著	220 元
5.	魚戲增視強身氣功	宮　嬰著	220 元
6.	嚴新氣功	前新培金著	250 元
7.	道家玄牝氣功	張　章著	200 元
8.	仙家秘傳袪病功	李遠國著	160 元
9.	少林十大健身功	秦慶豐著	180 元
10.	中國自控氣功	張明武著	250 元
11.	醫療防癌氣功	黃孝寬著	250 元
12.	醫療強身氣功	黃孝寬著	250 元
13.	醫療點穴氣功	黃孝寬著	250 元

14. 中國八卦如意功　趙維漢著　180 元
15. 正宗馬禮堂養氣功　馬禮堂著　420 元
16. 秘傳道家筋經內丹功　王慶餘著　280 元
17. 三元開慧功　辛桂林著　250 元
18. 防癌治癌新氣功　郭　林著　180 元
19. 禪定與佛家氣功修煉　劉天君著　200 元
20. 顛倒之術　梅自強著　360 元
21. 簡明氣功辭典　吳家駿編　360 元
22. 八卦三合功　張全亮著　230 元
23. 朱砂掌健身養生功　楊永著　250 元
24. 抗老功　陳九鶴著　230 元
25. 意氣按穴排濁自療法　黃啟運編著　250 元
26. 陳式太極拳養生功　陳正雷著　200 元
27. 健身祛病小功法　王培生著　200 元
28. 張式太極混元功　張春銘著　250 元

・社會人智囊・電腦編號 24

1. 糾紛談判術　清水增三著　160 元
2. 創造關鍵術　淺野八郎著　150 元
3. 觀人術　淺野八郎著　180 元
4. 應急詭辯術　廖英迪編著　160 元
5. 天才家學習術　木原武一著　160 元
6. 貓型狗式鑑人術　淺野八郎著　180 元
7. 逆轉運掌握術　淺野八郎著　180 元
8. 人際圓融術　澀谷昌三著　160 元
9. 解讀人心術　淺野八郎著　180 元
10. 與上司水乳交融術　秋元隆司著　180 元
11. 男女心態定律　小田晉著　180 元
12. 幽默說話術　林振輝編著　200 元
13. 人能信賴幾分　淺野八郎著　180 元
14. 我一定能成功　李玉瓊譯　180 元
15. 獻給青年的嘉言　陳蒼杰譯　180 元
16. 知人、知面、知其心　林振輝編著　180 元
17. 塑造堅強的個性　坂上肇著　180 元
18. 為自己而活　佐藤綾子著　180 元
19. 未來十年與愉快生活有約　船井幸雄著　180 元
20. 超級銷售話術　杜秀卿譯　180 元
21. 感性培育術　黃靜香編著　180 元
22. 公司新鮮人的禮儀規範　蔡媛惠譯　180 元
23. 傑出職員鍛鍊術　佐佐木正著　180 元
24. 面談獲勝戰略　李芳黛譯　180 元
25. 金玉良言撼人心　森純大著　180 元
26. 男女幽默趣典　劉華亭編著　180 元

27. 機智說話術　劉華亭編著　180 元
28. 心理諮商室　柯素娥譯　180 元
29. 如何在公司崢嶸頭角　佐佐木正著　180 元
30. 機智應對術　李玉瓊編著　200 元
31. 克服低潮良方　坂野雄二著　180 元
32. 智慧型說話技巧　沈永嘉編著　180 元
33. 記憶力、集中力增進術　廖松濤編著　180 元
34. 女職員培育術　林慶旺編著　180 元
35. 自我介紹與社交禮儀　柯素娥編著　180 元
36. 積極生活創幸福　田中真澄著　180 元
37. 妙點子超構想　多湖輝著　180 元
38. 說 NO 的技巧　廖玉山編著　180 元
39. 一流說服力　李玉瓊編著　180 元
40. 般若心經成功哲學　陳鴻蘭編著　180 元
41. 訪問推銷術　黃靜香編著　180 元
42. 男性成功秘訣　陳蒼杰編著　180 元
43. 笑容、人際智商　宮川澄子著　180 元
44. 多湖輝的構想工作室　多湖輝著　200 元
45. 名人名語啟示錄　喬家楓著　180 元
46. 口才必勝術　黃柏松編著　220 元
47. 能言善道的說話術　章智冠編著　180 元
48. 改變人心成為贏家　多湖輝著　200 元
49. 說服的ＩＱ　沈永嘉譯　200 元
50. 提升腦力超速讀術　齊藤英治著　200 元
51. 操控對手百戰百勝　多湖輝著　200 元

・精 選 系 列・電腦編號 25

1. 毛澤東與鄧小平　渡邊利夫等著　280 元
2. 中國大崩裂　江戶介雄著　180 元
3. 台灣・亞洲奇蹟　上村幸治著　220 元
4. 7-ELEVEN 高盈收策略　國友隆一著　180 元
5. 台灣獨立（新・中國日本戰爭一）　森詠著　200 元
6. 迷失中國的末路　江戶雄介著　220 元
7. 2000 年 5 月全世界毀滅　紫藤甲子男著　180 元
8. 失去鄧小平的中國　小島朋之著　220 元
9. 世界史爭議性異人傳　桐生操著　200 元
10. 淨化心靈享人生　松濤弘道著　220 元
11. 人生心情診斷　賴藤和寬著　220 元
12. 中美大決戰　檜山良昭著　220 元
13. 黃昏帝國美國　莊雯琳譯　220 元
14. 兩岸衝突（新・中國日本戰爭二）　森詠著　220 元
15. 封鎖台灣（新・中國日本戰爭三）　森詠著　220 元
16. 中國分裂（新・中國日本戰爭四）　森詠著　220 元

17. 由女變男的我　虎井正衛著　200元
18. 佛學的安心立命　松濤弘道著　220元
19. 世界喪禮大觀　松濤弘道著　280元
20. 中國內戰（新・中國日本戰爭五）　森詠著　220元
21. 台灣內亂（新・中國日本戰爭六）　森詠著　220元
22. 琉球戰爭①（新・中國日本戰爭七）　森詠著　220元
23. 琉球戰爭②（新・中國日本戰爭八）　森詠著　220元

・運動遊戲・電腦編號 26

1. 雙人運動　李玉瓊譯　160元
2. 愉快的跳繩運動　廖玉山譯　180元
3. 運動會項目精選　王佑京譯　150元
4. 肋木運動　廖玉山譯　150元
5. 測力運動　王佑宗譯　150元
6. 游泳入門　唐桂萍編著　200元

・休閒娛樂・電腦編號 27

1. 海水魚飼養法　田中智浩著　300元
2. 金魚飼養法　曾雪玫譯　250元
3. 熱門海水魚　毛利匡明著　480元
4. 愛犬的教養與訓練　池田好雄著　250元
5. 狗教養與疾病　杉浦哲著　220元
6. 小動物養育技巧　三上昇著　300元
7. 水草選擇、培育、消遣　安齊裕司著　300元
8. 四季釣魚法　釣朋會著　200元
9. 簡易釣魚入門　張果馨譯　200元
10. 防波堤釣入門　張果馨譯　220元
20. 園藝植物管理　船越亮二著　220元
40. 撲克牌遊戲與贏牌秘訣　林振輝編著　180元
41. 撲克牌魔術、算命、遊戲　林振輝編著　180元
42. 撲克占卜入門　王家成編著　180元
50. 兩性幽默　幽默選集編輯組　180元
51. 異色幽默　幽默選集編輯組　180元

・銀髮族智慧學・電腦編號 28

1. 銀髮六十樂逍遙　多湖輝著　170元
2. 人生六十反年輕　多湖輝著　170元
3. 六十歲的決斷　多湖輝著　170元
4. 銀髮族健身指南　孫瑞台編著　250元
5. 退休後的夫妻健康生活　施聖茹譯　200元

・飲 食 保 健・電腦編號 29

1.	自己製作健康茶	大海淳著	220 元
2.	好吃、具藥效茶料理	德永睦子著	220 元
3.	改善慢性病健康藥草茶	吳秋嬌譯	200 元
4.	藥酒與健康果菜汁	成玉編著	250 元
5.	家庭保健養生湯	馬汴梁編著	220 元
6.	降低膽固醇的飲食	早川和志著	200 元
7.	女性癌症的飲食	女子營養大學	280 元
8.	痛風者的飲食	女子營養大學	280 元
9.	貧血者的飲食	女子營養大學	280 元
10.	高脂血症者的飲食	女子營養大學	280 元
11.	男性癌症的飲食	女子營養大學	280 元
12.	過敏者的飲食	女子營養大學	280 元
13.	心臟病的飲食	女子營養大學	280 元
14.	滋陰壯陽的飲食	王增著	220 元
15.	胃、十二指腸潰瘍的飲食	勝健一等著	280 元
16.	肥胖者的飲食	雨宮禎子等著	280 元

・家庭醫學保健・電腦編號 30

1.	女性醫學大全	雨森良彥著	380 元
2.	初為人父育兒寶典	小瀧周曹著	220 元
3.	性活力強健法	相建華著	220 元
4.	30 歲以上的懷孕與生產	李芳黛編著	220 元
5.	舒適的女性更年期	野末悅子著	200 元
6.	夫妻前戲的技巧	笠井寬司著	200 元
7.	病理足穴按摩	金慧明著	220 元
8.	爸爸的更年期	河野孝旺著	200 元
9.	橡皮帶健康法	山田晶著	180 元
10.	三十三天健美減肥	相建華等著	180 元
11.	男性健美入門	孫玉祿編著	180 元
12.	強化肝臟秘訣	主婦の友社編	200 元
13.	了解藥物副作用	張果馨譯	200 元
14.	女性醫學小百科	松山榮吉著	200 元
15.	左轉健康法	龜田修等著	200 元
16.	實用天然藥物	鄭炳全編著	260 元
17.	神秘無痛平衡療法	林宗駛著	180 元
18.	膝蓋健康法	張果馨譯	180 元
19.	針灸治百病	葛書翰著	250 元
20.	異位性皮膚炎治癒法	吳秋嬌譯	220 元
21.	禿髮白髮預防與治療	陳炳崑編著	180 元
22.	埃及皇宮菜健康法	飯森薰著	200 元

23. 肝臟病安心治療 上野幸久著 220元
24. 耳穴治百病 陳抗美等著 250元
25. 高效果指壓法 五十嵐康彥著 200元
26. 瘦水、胖水 鈴木園子著 200元
27. 手針新療法 朱振華著 200元
28. 香港腳預防與治療 劉小惠譯 250元
29. 智慧飲食吃出健康 柯富陽編著 200元
30. 牙齒保健法 廖玉山編著 200元
31. 恢復元氣養生食 張果馨譯 200元
32. 特效推拿按摩術 李玉田著 200元
33. 一週一次健康法 若狹真著 200元
34. 家常科學膳食 大塚滋著 220元
35. 夫妻們關心的男性不孕 原利夫著 220元
36. 自我瘦身美容 馬野詠子著 200元
37. 魔法姿勢益健康 五十嵐康彥著 200元
38. 眼病錘療法 馬栩周著 200元
39. 預防骨質疏鬆症 藤田拓男著 200元
40. 骨質增生效驗方 李吉茂編著 250元
41. 蕺菜健康法 小林正夫著 200元
42. 赧於啟齒的男性煩惱 增田豐著 220元
43. 簡易自我健康檢查 稻葉允著 250元
44. 實用花草健康法 友田純子著 200元
45. 神奇的手掌療法 日比野喬著 230元
46. 家庭式三大穴道療法 刑部忠和著 200元
47. 子宮癌、卵巢癌 岡島弘幸著 220元
48. 糖尿病機能性食品 劉雪卿編著 220元
49. 奇蹟活現經脈美容法 林振輝編譯 200元
50. Super SEX 秋好憲一著 220元
51. 了解避孕丸 林玉佩譯 200元
52. 有趣的遺傳學 蕭京凌編著 200元
53. 強身健腦手指運動 羅群等著 250元
54. 小周天健康法 莊雯琳譯 200元
55. 中西醫結合醫療 陳蒼杰譯 200元
56. 沐浴健康法 楊鴻儒譯 200元
57. 節食瘦身秘訣 張芷欣編著 200元

・超經營新智慧・電腦編號 31

1. 躍動的國家越南 林雅倩譯 250元
2. 甦醒的小龍菲律賓 林雅倩譯 220元
3. 中國的危機與商機 中江要介著 250元
4. 在印度的成功智慧 山內利男著 220元
5. 7-ELEVEN 大革命 村上豐道著 200元
6. 業務員成功秘方 呂育清編著 200元

7. 在亞洲成功的智慧　鈴木讓二著　220 元
8. 圖解活用經營管理　山際有文著　220 元
9. 速效行銷學　江尻弘著　220 元

・親子系列・電腦編號 32

1. 如何使孩子出人頭地　多湖輝著　200 元
2. 心靈啟蒙教育　多湖輝著　280 元

・雅致系列・電腦編號 33

1. 健康食譜春冬篇　丸元淑生著　200 元
2. 健康食譜夏秋篇　丸元淑生著　200 元
3. 純正家庭料理　陳建民等著　200 元
4. 家庭四川菜　陳建民著　200 元
5. 醫食同源健康美食　郭長聚著　200 元
6. 家族健康食譜　東畑朝子著　200 元

・美術系列・電腦編號 34

1. 可愛插畫集　鉛筆等著　220 元
2. 人物插畫集　鉛筆等著　220 元

・心 靈 雅 集・電腦編號 00

1. 禪言佛語看人生　松濤弘道著　180 元
2. 禪密教的奧秘　葉逯謙譯　120 元
3. 觀音大法力　田口日勝著　120 元
4. 觀音法力的大功德　田口日勝著　120 元
5. 達摩禪 106 智慧　劉華亭編譯　220 元
6. 有趣的佛教研究　葉逯謙編譯　170 元
7. 夢的開運法　蕭京凌譯　180 元
8. 禪學智慧　柯素娥編譯　130 元
9. 女性佛教入門　許俐萍譯　110 元
10. 佛像小百科　心靈雅集編譯組　130 元
11. 佛教小百科趣談　心靈雅集編譯組　120 元
12. 佛教小百科漫談　心靈雅集編譯組　150 元
13. 佛教知識小百科　心靈雅集編譯組　150 元
14. 佛學名言智慧　松濤弘道著　220 元
15. 釋迦名言智慧　松濤弘道著　220 元
16. 活人禪　平田精耕著　120 元
17. 坐禪入門　柯素娥編譯　150 元
18. 現代禪悟　柯素娥編譯　130 元

19.道元禪師語錄　心靈雅集編譯組　130元
20.佛學經典指南　心靈雅集編譯組　130元
21.何謂「生」阿含經　心靈雅集編譯組　150元
22.一切皆空　般若心經　心靈雅集編譯組　180元
23.超越迷惘　法句經　心靈雅集編譯組　130元
24.開拓宇宙觀　華嚴經　心靈雅集編譯組　180元
25.真實之道　法華經　心靈雅集編譯組　130元
26.自由自在　涅槃經　心靈雅集編譯組　130元
27.沈默的教示　維摩經　心靈雅集編譯組　150元
28.開通心眼　佛語佛戒　心靈雅集編譯組　130元
29.揭秘寶庫　密教經典　心靈雅集編譯組　180元
30.坐禪與養生　廖松濤譯　110元
31.釋尊十戒　柯素娥編譯　120元
32.佛法與神通　劉欣如編著　120元
33.悟（正法眼藏的世界）　柯素娥編譯　120元
34.只管打坐　劉欣如編著　120元
35.喬答摩・佛陀傳　劉欣如編著　120元
36.唐玄奘留學記　劉欣如編著　120元
37.佛教的人生觀　劉欣如編譯　110元
38.無門關(上卷)　心靈雅集編譯組　150元
39.無門關(下卷)　心靈雅集編譯組　150元
40.業的思想　劉欣如編著　130元
41.佛法難學嗎　劉欣如著　140元
42.佛法實用嗎　劉欣如著　140元
43.佛法殊勝嗎　劉欣如著　140元
44.因果報應法則　李常傳編　180元
45.佛教醫學的奧秘　劉欣如編著　150元
46.紅塵絕唱　海　若著　130元
47.佛教生活風情　洪丕謨、姜玉珍著　220元
48.行住坐臥有佛法　劉欣如著　160元
49.起心動念是佛法　劉欣如著　160元
50.四字禪語　曹洞宗青年會　200元
51.妙法蓮華經　劉欣如編著　160元
52.根本佛教與大乘佛教　葉作森編　180元
53.大乘佛經　定方晟著　180元
54.須彌山與極樂世界　定方晟著　180元
55.阿闍世的悟道　定方晟著　180元
56.金剛經的生活智慧　劉欣如著　180元
57.佛教與儒教　劉欣如編譯　180元
58.佛教史入門　劉欣如編譯　180元
59.印度佛教思想史　劉欣如編譯　200元
60.佛教與女姓　劉欣如編譯　180元
61.禪與人生　洪丕謨主編　260元
62.領悟佛經的智慧　劉欣如著　200元

・經 營 管 理・電腦編號01

◎	創新經營管理六十六大計(精)	蔡弘文編	780元
1.	如何獲取生意情報	蘇燕謀譯	110元
2.	經濟常識問答	蘇燕謀譯	130元
4.	台灣商戰風雲錄	陳中雄著	120元
5.	推銷大王秘錄	原一平著	180元
6.	新創意・賺大錢	王家成譯	90元
7.	工廠管理新手法	琪　輝著	120元
10.	美國實業24小時	柯順隆譯	80元
11.	撼動人心的推銷法	原一平著	150元
12.	高竿經營法	蔡弘文編	120元
13.	如何掌握顧客	柯順隆譯	150元
17.	一流的管理	蔡弘文編	150元
18.	外國人看中韓經濟	劉華亭譯	150元
20.	突破商場人際學	林振輝編著	90元
22.	如何使女人打開錢包	林振輝編著	100元
24.	小公司經營策略	王嘉誠著	160元
25.	成功的會議技巧	鐘文訓編譯	100元
26.	新時代老闆學	黃柏松編著	100元
27.	如何創造商場智囊團	林振輝編譯	150元
28.	十分鐘推銷術	林振輝編譯	180元
29.	五分鐘育才	黃柏松編譯	100元
33.	自我經濟學	廖松濤編譯	100元
34.	一流的經營	陶田生編著	120元
35.	女性職員管理術	王昭國編譯	120元
36.	ＩＢＭ的人事管理	鐘文訓編譯	150元
37.	現代電腦常識	王昭國編譯	150元
38.	電腦管理的危機	鐘文訓編譯	120元
39.	如何發揮廣告效果	王昭國編譯	150元
40.	最新管理技巧	王昭國編譯	150元
41.	一流推銷術	廖松濤編譯	150元
42.	包裝與促銷技巧	王昭國編譯	130元
43.	企業王國指揮塔	松下幸之助著	120元
44.	企業精銳兵團	松下幸之助著	120元
45.	企業人事管理	松下幸之助著	100元
46.	華僑經商致富術	廖松濤編譯	130元
47.	豐田式銷售技巧	廖松濤編譯	180元
48.	如何掌握銷售技巧	王昭國編著	130元
50.	洞燭機先的經營	鐘文訓編譯	150元
52.	新世紀的服務業	鐘文訓編譯	100元
53.	成功的領導者	廖松濤編譯	120元
54.	女推銷員成功術	李玉瓊編譯	130元

國家圖書館出版品預行編目資料

摸透男人心／ 劉華亭編著 ，
—— 2版——臺北市 ： 大展，民 89
面： 21公分，—（社會人智囊：53）
ISBN 957—557—974—7(平裝)

1. 成人心理學 2.兩性關係

173.3 88016521

ISBN 957-557-974-7

摸透男人心

編 著 者／劉 華 亭
發 行 人／蔡 森 明
出 版 者／大展出版社有限公司
社 址／台北市北投區（石牌）致遠一路二段12巷1號
電 話／(02) 28236031・28236033
傳 眞／(02) 28272069
郵政劃撥／0166955－1
登 記 證／局版臺業字第2171號
承 印 者／高星印刷品行
裝 訂／日新裝訂所
排 版 者／千兵企業有限公司
電 話／(02) 28812643
初版 1 刷／1989年（民78年）6月
2 版 1 刷／2000年（民89年）1月

定 價／180元